MANUALE DEL LINGUAGGIO DEL CORPO

Scopri Come Analizzare Qualunque Persona: Decifrare Gesti, Espressioni E Scoprire I Loro Segreti.
BONUS: 7 Esercizi Per Allenare L'abilità Della Lettura Del Corpo

BENEDICT HUNT

Usando i contenuti e le informazioni in questo libro, accetti di ritenere l'Autore libero da qualsiasi danno, costo e spesa, incluse le spese legali che potrebbero risultare dall'applicazione di una qualsiasi delle informazioni contenute in questo libro. Questa avvertenza si applica a qualsiasi perdita, danno o lesione causata dall'applicazione dei contenuti di questo libro, direttamente o indirettamente, in violazione di un contratto, per torto, negligenza, lesioni personali, intenti criminali o sotto qualsiasi altra circostanza. Concordi di accettare tutti i rischi derivati dall'uso delle informazioni presentate in questo libro.

Accetti che, continuando a leggere questo libro, quando appropriato e/o necessario, consulterai un professionista (inclusi, ma non limitati a, il tuo dottore, avvocato, consulente finanziario o altri professionisti del genere) prima di usare i rimedi, le tecniche o le informazioni suggeriti in questo libro.

Le foto utilizzate all'interno del libro sono di pubblico dominio e sono state prese dai seguenti siti: pixabay.com; unsplash.com; creative commons.org; di conseguenza il copyright si estende sul testo e sull'idea del libro ma non sulle foto in quanto libere da diritti d'autore e distribuite per l'uso commerciale.

SOMMARIO

PREMIO DI RINGRAZIAMENTO

Come promesso per ringraziarti dell'acquisto, voglio regalarti la versione digitale del mio libro, che ti permetterà di leggerlo in qualsiasi momento della giornata tu voglia, e in qualsiasi posto ti trova; oppure potresti sempre regalarlo a un amico/a.

Tutto ciò che devi fare è:

1. Lasciare una recensione onesta con foto su Amazon riguardo il mio lavoro e fare uno screenshot.

2. Mostrare la prova di acquisto del libro con un semplice screenshot da Amazon.

Ti basterà inviare questi 2 screenshot alla mail che trovi qui sotto e riceverai immediatamente in modo del tutto gratuito la versione digitale da poter consultare comodamente su tutti i tuoi dispositivi (smartphone, tablet e pc).

Indirizzo Mail: benedict-hunt@outlook.com

BIOGRAFIA

Benedict Hunt nacque nel 1965 a Chicago. Fin dalla giovane età, ebbe un grande interesse nello studio e nella ricerca del comportamento umano, del linguaggio del corpo, nello studio della persuasione e della manipolazione della mente.

Data la sua passione per la psicologia e il comportamento degli esseri umani, decise di iscriversi alla facoltà di psicologia all'università e perseguendola nella sua carriera. Inoltre, lavorò come psicologo per molti anni e partecipò a diversi corsi rinomati di psicologia.

Benedict dedicò tutta la sua vita nello studio e nella formazione sulla psicologia, acquisendo molta esperienza a riguardo. Durante i suoi anni frequentò innumerevoli seminari e seguì molti maestri e mentori del settore come:

> **Robert Cialdini**, il principale esperto mondiale nella scienza della persuasione;

> **Richard Bandler**, co-sviluppatore della PNL (Programmazione Neuro-Linguistica);

> **Paul Ekman**, un pioniere nello studio delle emozioni e la loro relazione con le espressioni facciali.

Oggi l'obbiettivo di Benedict è quello di condividere tutte le sue conoscenze apprese negli anni con i lettori, formandoli sul comportamento della mente e della sua psiche, attraverso la persuasione, la manipolazione e le più potenti discipline spiegate all'interno dei suoi libri.

SCOPRI LA PRIMA OPERA DI BENEDICT:

MANIPOLAZIONE MENTALE

SCOPRI COME QUESTO LIBRO PUÒ CAMBIARTI LA VITA!

Se ti dicessi che esistono dei metodi specifici e comprovati che ti permettono di manipolare le emozioni ed i pensieri delle persone a tuo vantaggio come reagiresti?

Sarebbe bello non è vero?

Devi sapere che la maggior parte delle decisioni sono generate attraverso l'applicazione di metodi ben precisi di Manipolazione Segreta.

Se ci pensi, ti sarà capitato più di una volta di aver fatto qualcosa per qualcuno anche se non ne avevi voglia, e magari te ne sei anche reso conto troppo tardi.

Molto probabilmente in quel caso sei stato manipolato a tua insaputa.

È così che funziona la Manipolazione Mentale, ti induce a svolgere azioni contro la tua volontà e in modo del tutto occulto.

Grazie a questo libro, potrai finalmente prendere il timone della tua vita ed essere tu a condurre gli altri dove vuoi!

<u>Acquistando questo libro inoltre riceverai **2 regali**:</u>

1° Regalo: *Un capitolo bonus con all'interno 10 metodi step by step per smettere di farti manipolare e tornare nuovamente indipendente.*

2° Regalo: *Sorpresa! Lo scoprirai solamente una volta acquistato il libro cartaceo!*

Scannerizza il codice QR con la fotocamera del tuo cellulare per visitare la pagina di Amazon e scoprirne di più.

INTRODUZIONE

Sicuramente sarai a conoscenza del fatto che tutti quanti gli esseri umani mentono, ognuno lo fa per un determinato motivo; che sia un motivo legittimo o meno non spetta a me giudicarlo.

L'importante è prenderne coscienza e abituarci al fatto che con chiunque parliamo, che possa essere un parente, un partner, un collega di lavoro o un amico, dobbiamo mettere in conto che ci sarà sempre qualcosa che ci nasconde.

Come vedremo all'interno del libro, a volte viene fatto per il nostro bene ed altre volte invece viene fatto per nasconderci qualcosa di proposito.

I motivi possono essere diversi e sarai tu stesso a scoprirlo, ma solo se metterai in atto quanto scritto in questo manuale.

Io ti assicuro che all'interno delle pagine che leggerai, ti verranno svelate le migliori tecniche e strategie per leggere e interpretare al meglio il linguaggio del corpo del 90% delle persone che tu conosci.

Inoltre, troverai contenute moltissime informazioni di valore e concetti di cui non tutti sono a conoscenza, i quali ti permetteranno di scavare fino in fondo nei pensieri delle persone, per scoprire quali sono le loro vere intenzioni.

Le informazioni contenute in queste pagine ti insegneranno a osservare alcuni aspetti e caratteristiche fondamentali di una persona a cui prima non prestavi la giusta attenzione; ovviamente ti verrà spiegato anche il modo in cui farlo.

Se imparerai e metterai in pratica tutto ciò che ti spiegherò all'interno del libro, ti assicuro che sarai in grado di analizzare e svelare le vere personalità delle persone con cui hai a che fare nella vita di tutti i giorni.

Non voglio svelarti nulla a riguardo, quindi ti invito a liberare la mente e sfogliare le prossime pagine concentrandoti su ciò che leggerai, e se necessario ritornando ad approfondire i concetti che ti entreranno meno in testa.

All'inizio ti darò una veloce infarinata dei principali concetti di cui tratta questo manuale, ma non ti preoccupare che poi andremo a vedere nello specifico ogni singolo punto trattato.

Perciò ti auguro una buona lettura e son sicuro che se metterai in pratica le nozioni e le tecniche che ti insegnerò, riuscirai finalmente riconoscere ogni linguaggio del corpo di chi ti circonda.

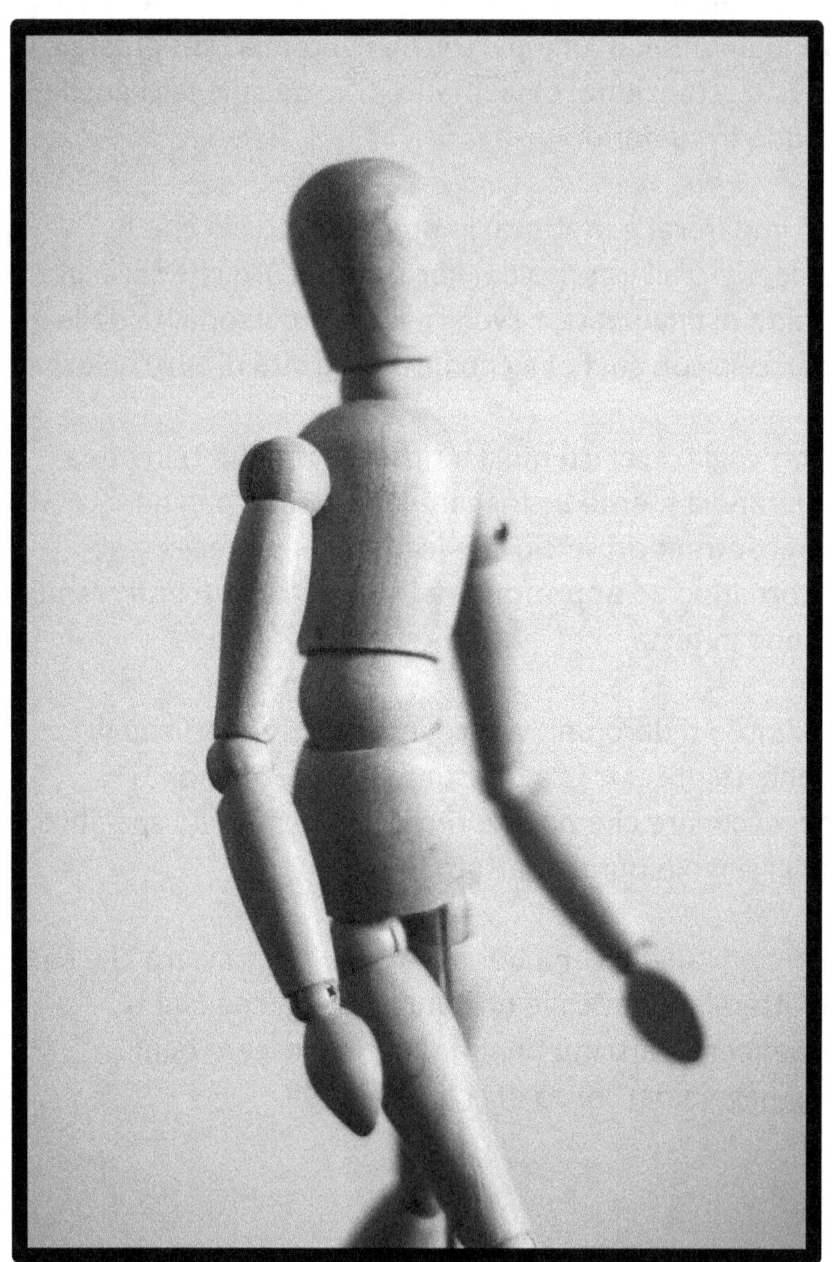

CAPITOLO 1:
LA COMUNICAZIONE VERBALE, PARAVERBALE E NON VERBALE

"Chi ha occhi per vedere e orecchi per intendere si convince che ai mortali non è possibile celare nessun segreto. Chi tace con le labbra chiacchiera con la punta delle dita, si tradisce attraverso tutti i pori. Perciò il compito di render coscienti le cose più nascoste dell'anima è perfettamente realizzabile."

Sigmund Freud

N oi esseri umani con il passare del tempo e grazie alle evoluzioni, siamo stati in grado di sviluppare tre diverse tipologie di comunicazione, tra cui:

1. **La comunicazione verbale:** ovvero quella comune che avviene tramite parole scritte o emesse a voce ed è la nostra forma di comunicazione primaria;

2. **La comunicazione paraverbale:** quella che indica il modo in cui diciamo qualcosa e il modo in cui trasmettiamo un determinato messaggio.
Si tratta del tono della voce, del volume che utilizziamo e del ritmo con cui viene data una determinata comunicazione;

3. **La comunicazione non verbale:** cioè quella che avviene tramite la postura, gesti, movimenti ed espressioni facciali, il tutto proveniente dal nostro corpo effettuato volontariamente o involontariamente. Questa, per quanto sia la forma di comunicazione meno controllabile dal corpo umano è quella che svela maggiori informazioni riguardo una persona.

LA COMUNICAZIONE VERBALE

Come appena accennato, la comunicazione verbale consiste nel passaggio di contenuti intellegibili attraverso le parole o attraverso la scrittura. Questo tipo di comunicazione è indicato per esprimere ragionamenti, concetti e contenuti ed è quindi la forma principale di comunicazione in quanto è quella usata da tutte le persone ed anche la più facile da comprendere. Inoltre questo tipo di comunicazione è quello che tendiamo a curiamo maggiormente in quanto ci risulta esserne il principale modo di comunicare con gli altri.

LA COMUNICAZIONE PARAVERBALE

La comunicazione paraverbale invece, è fondamentale per arricchire il nostro modo di comunicare. Consiste nell'utilizzo di toni, volumi e ritmi della voce che utilizzandoli in determinati modi possono esprimere messaggi diversi.

- **Tono**: attraverso il tono della voce possiamo definire lo stile del messaggio, quest'ultimo può essere di diverse sfaccettature ad esempio: triste, arrabbiato, felice, ironico ecc. È fondamentale per trasmettere il contenuto verbale nel modo corretto.

- **Volume**: attraverso la regolazione del volume della voce possiamo enfatizzare alcune parole rendendo il messaggio maggiormente efficace. Nella maggior parte dei casi, dal volume che viene utilizzato possiamo riconoscere alcune caratteristiche del nostro interlocutore. Ad esempio chi utilizza un volume basso tenderà ad essere una persona magari insicura o timida;

mentre invece un volume della voce piuttosto alto tende a trasmette fiducia in sé stessi e sicurezza.

- **Ritmo:** il ritmo non è altro che la velocità con cui comunichiamo un messaggio, e nella maggior parte dei casi si ricollega ad uno stato d'animo ben definito. Dal ritmo utilizzato per trasmettere un messaggio possiamo dedurre se il soggetto è momentaneamente nervoso o tranquillo. Infatti un ritmo veloce e senza le giuste pause genera una tensione facilmente percepibile, mentre invece un ritmo lento generalmente trasmette tranquillità per chi ascolta. Le pause sono molto importanti per poter veicolare il messaggio corretto.

LA COMUNICAZIONE NON VERBALE

A differenza di quella verbale e paraverbale, la comunicazione **non verbale** non ha bisogno di parole parlate o scritte, è definito un linguaggio "muto" in quanto opera in assenza di parole.
I messaggi che vengono trasmetti attraverso questo tipo di linguaggio sono individuabili semplicemente osservando la mimica facciale comprensiva dello sguardo, la postura del corpo e tutto ciò che riguarda la gesticolazione.

LA MIMICA FACCIALE E LO SGUARDO

La mimica facciale delle persone è fondamentale per trasmettere e recepire alcuni segnali non verbali. Grazie ad essa è possibile riconoscere i sentimenti, le intenzioni e l'atteggiamento del nostro interlocutore attraverso solamente il suo sguardo e la sua espressione facciale. Pertanto è facilmente riconoscibile un sorriso falso da uno sincero; ed una risata vera e genuina da una risata amara.

Lo sguardo di una persona è anch'esso importante per riconoscere ed estrapolare sentimenti e sensazioni che sorgono naturalmente durante una conversazione. Ad esempio se lo sguardo del nostro interlocutore risulta sfuggente, ci indica che è in una situazione di disagio; mentre nel caso in cui lo sguardo risulti fisso nei nostri occhi, esso può indicare un segnale aggressività o di sfida nei nostri confronti.

Al giorno d'oggi tutti quanti noi siamo abituati ad utilizzare le emoji nelle app di messaggistica, una determinata emoji inserita nel messaggio può facilmente far trasparire quello che la persona prova, ed anch'essa è considerata una comunicazione non verbale.

LA GESTICOLAZIONE

Le mani sono uno strumento potente attraverso il quale esprimere un messaggio. Mettere le mani a campana può indicare un segnale di autorevolezza, oppure sfiorarsi la guancia o il mento possono essere ricondotti ad un momento di riflessione.
La gesticolazione è estremamente importante per noi essere umani, e viene utilizzata nella vita di tutti i giorni in modo automatico senza che noi ce ne accorgiamo.

LA POSTURA

La postura insieme a quanto appena spiegato fa parte della comunicazione non verbale. Ecco tre esempi di postura utilizzata e del significato che travisa:

- Stando seduti, con le braccia e gambe incrociate potrebbe significare che la persona è poco disponibile all'ascolto.

- Al contrario, protendersi verso chi sta parlando potrebbe significare che c'è volontà di ascoltare.

- Stendersi sulla sedia ponendo le mani dietro la testa indica sufficienza e poca disponibilità.

Ci sono altri modi in cui una persona può trasmettere messaggi sulla propria personalità, tra cui la camminata per esempio.

Camminando eretti è sinonimo di sicurezza e confidenza in sé stessi, al contrario camminare piegati e con il busto in avanti può essere segnale di "abbattimento" morale.

LA REGOLA DEL 7% - 38% - 55% DI MEHRABIAN

Secondo uno studio avvenuto nel 1971 da parte di Albert Mehrabian, uno psicologo statunitense attualmente docente presso la **UCLA** (università della California a Los Angeles) una tra le università di ricerca più prestigiose ed importanti al mondo, la nostra comunicazione avviene solamente per il 7% parlato ovvero con la comunicazione verbale.
Mentre il 38% con la comunicazione paraverbale e infine con il 55% attraverso la comunicazione non verbale ovvero tramite gesti, espressioni facciali, postura e movimenti del corpo.

È strano come praticamente 93% della nostra comunicazione avviene attraverso gli aspetti corporei e non tramite la parola come la maggior parte delle persone crede.

È per questo che la comunicazione che avviene attraverso il linguaggio del corpo è fondamentale per farsi capire ma soprattutto per cogliere tutto ciò che il nostro o i nostri interlocutori esprimono.

Ecco un piccolo schema riassuntivo che rappresenta le tre forme di comunicazione.

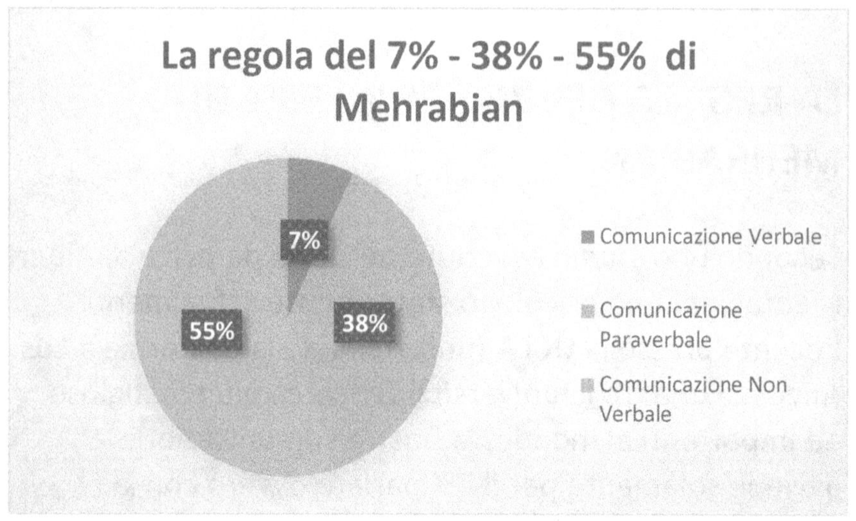

LA PROSSEMICA

Un altro metodo che ci permette di riconoscere e rilevare alcune informazioni riguardo una o più persone è attraverso **la prossemica**. La prossemica è lo studio della distanza tra le persone in base alla loro interazione sociale.

Pertanto, spiegato molto semplicemente, la quantità di spazio personale che una persona ti concede, indica quanto ti apprezza veramente.

Ovvero in base alla distanza che ti concede una persona, puoi capire quanto sia interessata a te, quanto ti reputi piacevole e interessante.

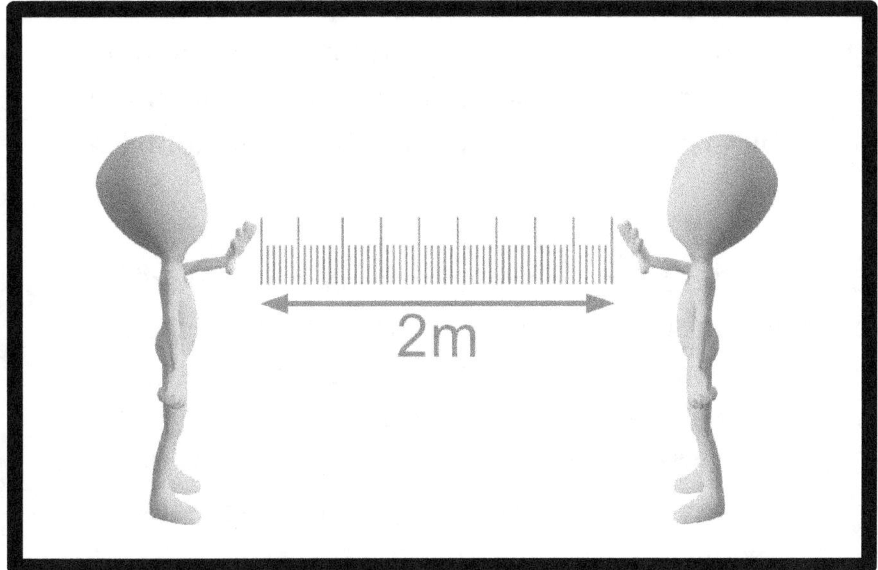

Lo studio sulla prossemica ha dimostrato che:

- Una distanza **minore di 40 cm** è indice di intimità, quindi significa che c'è vi è tanta confidenza tra i soggetti, ad esempio come le coppie.

- Una distanza a partire **dai 40 cm a 1,2 m circa**, viene attuata tra persone che si intrattengono in un rapporto informale, quali amicizie. Questo range di distanza è anche chiamato "distanza personale".

- Una distanza **tra 1,20 m e 3,5 m** è tipica tra persone che condividono un ambiente lavorativo, viene chiamata "distanza sociale".

- **Oltre i 3,5 m** invece è la distanza che viene mantenuta generalmente tra persone che non si conoscono e con le quali non sussiste nessun tipo di relazione, viene chiamata "distanza pubblica".

Ora che ti ho spiegato come funziona lo studio della prossemica, sono sicuro che la prossima volta che ti fermerai a parlare con qualcuno, farai sicuramente attenzione alla distanza che vi separa.
Come già detto, anche solamente guardando la distanza che separa due o più persone è possibile ottenere informazioni riguardo alla loro vita sociale.

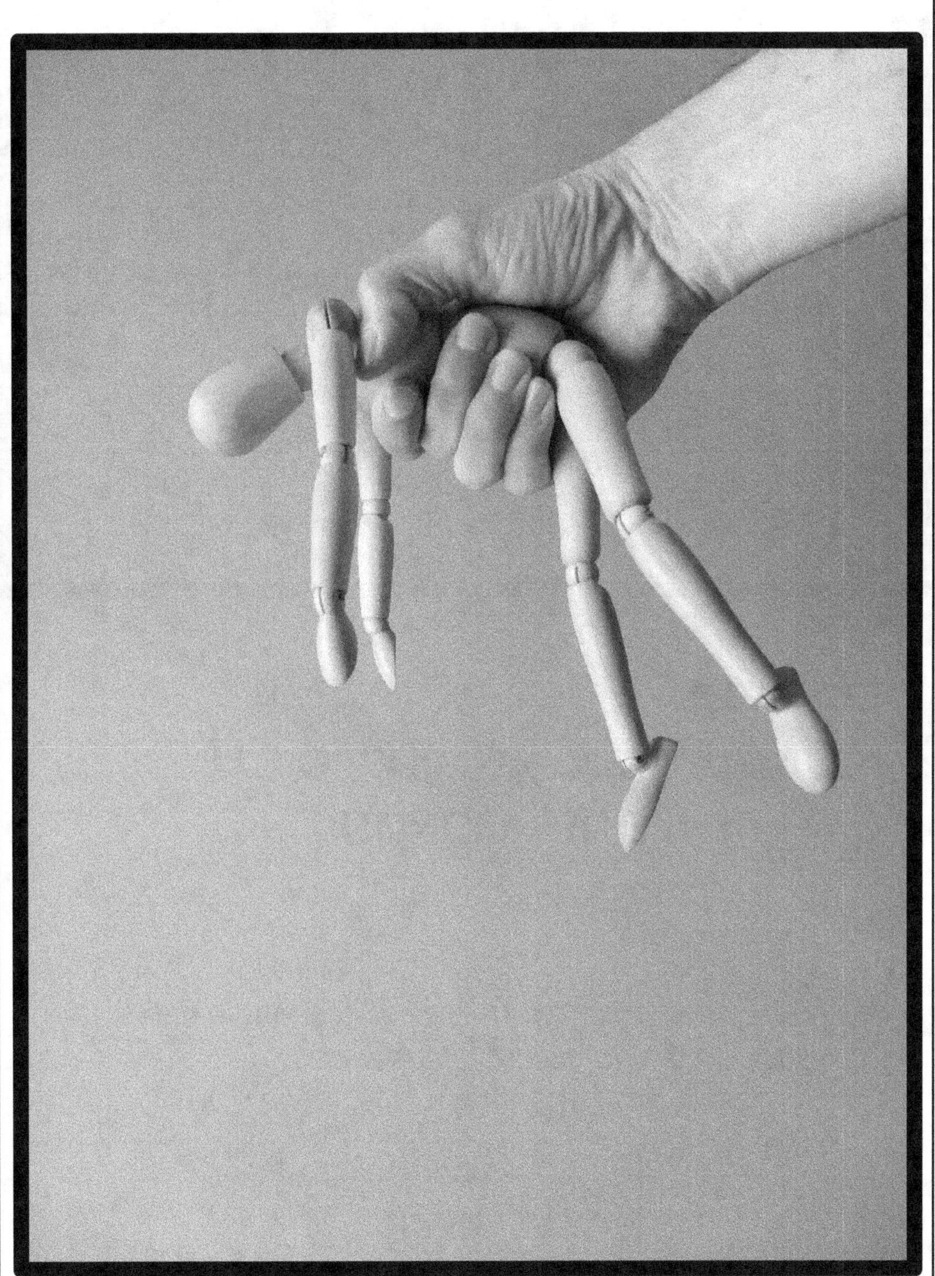

CAPITOLO 2:
IL LINGUAGGIO DEL CORPO E LE DIFFERENZE NEL MONDO

"Non esistono parole più chiare del linguaggio del corpo, una volta che si è imparato a leggerlo."

Alexander Lowen

Se non lo sapevi, il linguaggio del corpo varia in tutto il mondo, ogni paese ha un significato ed un'interpretazione dei gesti diversi. Perciò quando ti rechi per vacanza o per lavoro in un posto che non conosci, è consigliato fare molta attenzione ai gesti che tendi ad usare di solito.

Alcuni dei gesti che utilizzi abitualmente, nel posto in cui sei cresciuto sono ben visti e vengono utilizzati in contesti di amicizia; però potrebbero non essere interpretati nello stesso modo nel paese in cui ti trovi.

Per questo è molto importante informarsi sugli usi e costumi del posto che andrai a visitare.

CONTATTO VISIVO

Osservare gli occhi è fondamentale per interpretare il linguaggio del corpo di una persona, però devi anche tenere a mente che non in tutti i paesi il contatto visivo ha lo stesso significato.

In America e in Europa il contatto visivo nella maggior parte dei casi viene interpretato come segno di interesse e fiducia verso l'interlocutore.
In contesti lavorativi ad esempio un contatto visivo deciso, è simbolo di affidabilità e sicurezza, al contrario un contatto visivo debole e sfuggente può trasmettere insicurezza e poca affidabilità.

Dall'altra parte del mondo invece, ad esempio nel Medio Oriente, un contatto visivo ben deciso è un gesto poco apprezzato, sia tra persone dello stesso sesso che tra persone del sesso opposto.
Questo perché è percepito come "aria di sfida", di conseguenza la gente del posto tende ad evitare un contatto visivo molto intenso.

Lo stesso discorso vale anche per le culture africane, caraibiche ed asiatiche. È molto scortese fissare negli occhi le persone più anziane della famiglia oppure i superiori in un contesto lavorativo.

Devi sapere che anche il modo di salutarsi tra due persone non è uguale in tutto il mondo. Infatti ciò dipende molto dalla cultura e il contesto sociale il quale influisce moltissimo.

In America il contatto fisico è molto apprezzato, per esempio quando due sconosciuti si incontrano per la prima volta, di solito, si fanno un cenno con la testa e si stringono la mano; mentre tra amici ci si saluta in modo più caloroso, di solito con un abbraccio.

Ma l'America non è l'unico paese ad apprezzare il contatto fisico, infatti anche per alcuni paesi dell'Europa il saluto è un gesto molto caloroso, soprattutto i paesi per i mediterranei.

Per quanto riguarda l'Italia e la Spagna è
particolarmente di moda salutarsi tra due persone
dandosi due baci sulla guancia o abbracciandosi.

Quanto appena scritto risulta completamente diverso
per i paesi più freddi, non solo a livello climatico ma
anche culturale e sociale.

In Germania per esempio, le persone tendono ad essere
molto più distaccate tra loro, soprattutto se il grado di
intimità non è per niente alto.
La Germania però non è l'unica nazione in cui la
vicinanza fisica non è sempre ben vista ed utilizzata.

Come ad esempio In paesi come il Bangladesh, il Medio
Oriente, lo Sri Lanka e in genere tutti i paesi del Sud-Est
asiatico, la vicinanza fisica non è per niente comune.

Un altro paese la cui distanza sociale risulta distaccata, è
il Giappone, quando avviene una conversazione tra due
o più persone in questo paese si tende di norma a
lasciare la dovuta distanza per eseguire l'inchino, un
gesto di saluto estremamente di rispettoso nei confronti
degli altri.

Anche nei paesi africani, difficilmente è possibile vedere
persone che si abbracciano o che mantengono una
distanza molto ravvicinata tra loro, a meno che appunto
non si tratta di una relazione intima; il tutto dipende
dalla cultura del luogo.

Come hai appena potuto leggere in questi esempi, anche il modo in cui ci si saluta esprime molto sulla cultura sociale del luogo.
Ed è un aspetto da tenere a mente quando si va in un altro luogo che non si conosce, soprattutto per evitare brutte figure.

Immaginati di abbracciare una persona per salutarla e quest'ultima anziché venirti incontro per ricambiare il saluto, si allontana allungandoti la mano.
Risulterebbe alquanto strana, non è vero?

Bene ora sei a conoscenza del fatto che ogni paese ha le sue usanze e di conseguenza vanno rispettate per potersi integrare nel migliore dei modi.

GESTI CON LE MANI

Adesso ti mostrerò alcuni esempi dello stesso gesto effettuato con le mani, che può avere un significato diverso in base alla zona geografica.

Partiamo dal classico pollice in su, è conosciuto in tutto il mondo per il suo significato di approvazione, sta a significare "Ok".

Ma non è detto che gli stessi gesti di approvazione possano essere interpretati nella stessa maniera.

Come ad esempio il gesto effettuato con la mano utilizzando il pollice e l'indice per formare un cerchio e il resto delle dita invece rimane steso.

Nella maggior parte dei paesi europei e in America anch'esso ha il significato di "Ok", beh in Francia invece, potrebbe essere frainteso per un significato simile al "niente" oppure in Giappone viene interpretato come un simbolo riguardante il denaro; mentre addirittura in America Latina dagli abitanti del posto potrebbe essere confuso e interpretato di conseguenza come un gesto osceno.

Un altro gesto diffuso in tutto il mondo effettuato con le mani è quello delle "corna" eseguito con l'indice ed il mignolo alzati mentre tutte le altre dita chiuse. Questo è un altro gesto che ha un significato diverso in base al paese in cui ci si trova. Di conseguenza può essere percepito in maniera diversa dagli abitanti del posto.

Ebbene in America è molto utilizzato per esprimere il motto di "Rock and Roll"! Invece nel centro e nel nord Europa prende il significato di "buona fortuna". Diverso è il significato nei paesi del Mediterraneo, che viene interpretato come un gesto osceno e poco carino da fare.

Il quarto gesto che utilizzeremo per fare questi esempi e che tende ad avere diversi significati nel mondo è il simbolo della "V" anch'esso eseguito con le dita della mano.

Infatti in America è inteso come simbolo di "pace" o di "vittoria". Mentre nel Regno Unito, in Australia e nei paesi del Sudafrica potrebbe essere mal interpretato scambiandolo per un gesto alquanto volgare.

Questo per farti capire ed informarti che alcuni comportamenti sono da valutare prima di eseguirli in pubblico o davanti a persone che non conosci. Perciò se c'è un consiglio che ti posso dare in modo da evitare spiacevoli equivoci di natura sociale e culturale, è quello di informarti sulla cultura del posto che andrai a visitare. Appunto perché come hai appena letto, potrebbe essere molto diversa dalla tua.

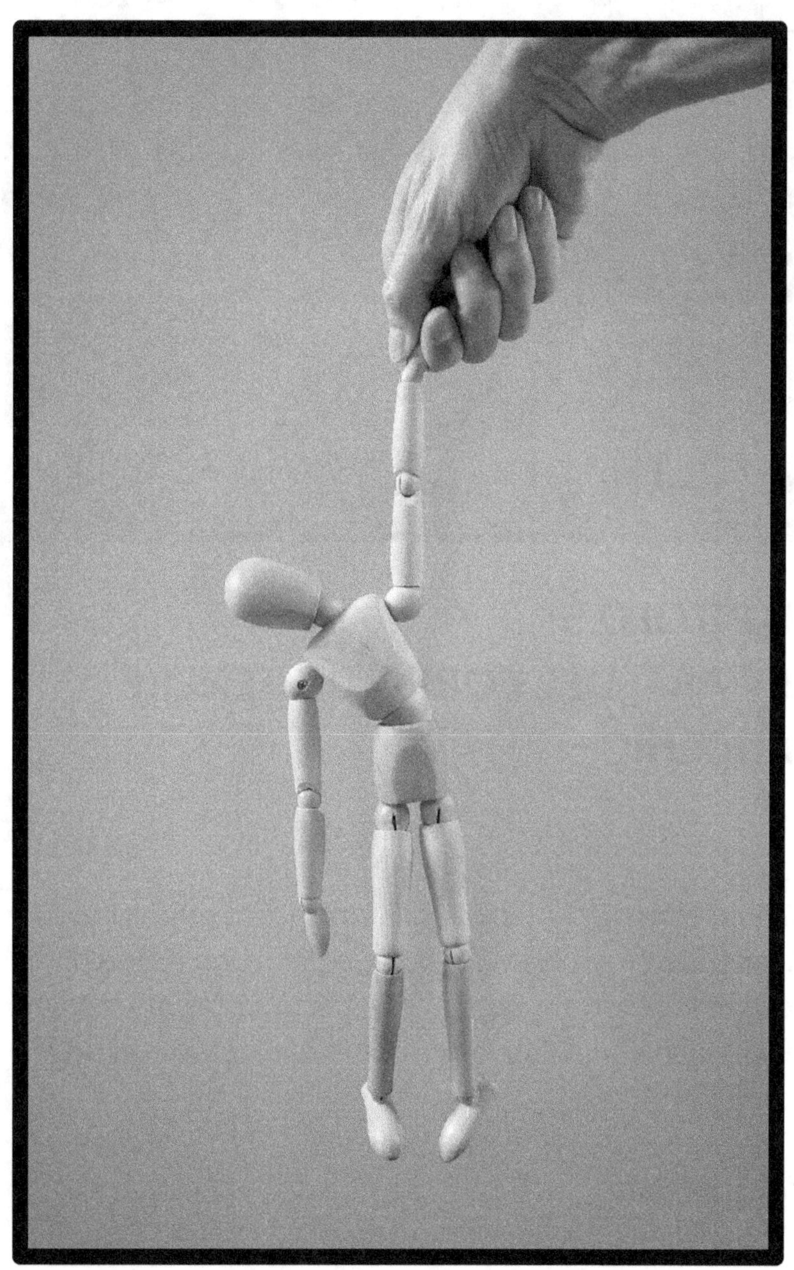

CAPITOLO 3:
LE PARTI DEL CORPO DA TENERE D'OCCHIO

"Il linguaggio del corpo è uno strumento molto potente. Comunicavamo con il linguaggio del corpo prima di parlare e, a quanto pare, l'80% di ciò che comprendiamo in una conversazione lo traiamo dal corpo e non dalle parole."

Deborah Bull

Avendo letto i due capitoli precedenti, avrai ormai appreso che il nostro corpo esprime molti più messaggi tramite la comunicazione non verbale quindi gesti e movimenti, che tramite le parole stesse.

Ma siccome voglio che questo manuale ti educhi e ti aiuti per davvero nella tua quotidianità, voglio entrare molto più nello specifico: ci sono delle parti del corpo ben precise da osservare per poter interpretare correttamente ciò che il corpo "dice" e adesso le andremo a vedere insieme.

Le parti del corpo critiche da osservare sono:

- Gli occhi;
- La tensione del corpo;
- La postura
- I movimenti delle mani, delle braccia e delle gambe;
- L'espressione del volto;
- La distanza tra una persona e l'altra.

Queste sono le parti critiche di una persona a cui dovrai prestare maggiore attenzione se vuoi leggere il linguaggio del corpo di chiunque tu voglia.

Se ti stai chiedendo come fare a tenere sotto controllo tutti questi dettagli contemporaneamente, non preoccuparti, nelle prossime pagine e nei prossimi capitoli ti insegnerò come fare e soprattutto ti verrà sempre più naturale e automatico prestarci attenzione man mano che ti eserciterai.

APERTURA DEL CORPO

Il livello di "apertura" del corpo in una persona può indicare un certo grado di disponibilità.

Infatti quando una persona si sente a proprio agio, lo dimostra anche senza dire niente. Nella maggior parte dei casi tenderà ad avere una posizione "aperta", facilmente riconoscibile e del tutto spontanea.

Al contrario, una persona che tende a manifestare segni del corpo di "chiusura" (in modo del tutto inconscio), molto probabilmente è perché non si sente a proprio agio in quel determinato contesto; oppure perché si trova in uno stato di negativismo come paura, ostilità, nervosismo o ansia.

Tieni bene a mente che quello che devi osservare in questo caso è:

- Il modo in cui tiene le gambe: se sono accavallate o meno;
- Se tende a nascondere le mani nelle tasche;
- Se tende a coprirsi barricandosi con oggetti quali giacca, borsa, zaino o qualsiasi altro oggetto che può mantenere una distanza tra lui/lei e l'interlocutore;
- Il modo in cui tiene le braccia: queste sono aperte o incrociate?

Come appena accennato, se la persona che abbiamo davanti che si trovi in gruppo o da sola, tende a piazzare degli oggetti che possano creare un minimo di distanza dall'interlocutore o anche solamente manifestando segnali col corpo di chiusura, allora probabilmente potrebbe essere poco collaborativa.

E lo stesso discorso vale al contrario, ovvero se osserviamo una persona con le gambe non incrociate, con le braccia aperte e le mani ben in vista, questi segnali indicano che è presente una buona disponibilità generale intrapersonale (quindi nei confronti dell'interlocutore); oppure semplicemente vi è disponibilità verso la situazione in cui si trova.

Ovviamente non bisogna prendere tutto quello appena detto e generalizzarlo, ma va contestualizzato in base alla situazione e da più punti di vista.

Infatti se osserviamo una persona con gambe incrociate, braccia chiuse e mani nelle tasche non obbligatoriamente deve significare poca disponibilità nel dialogare o nell'intraprendere una determinata azione.

Il motivo può essere causato da fattori esterni: freddo, ansia per un esame o molto altro a cui noi non siamo a conoscenza; o magari il motivo per cui siede in quella maniera è semplicemente perché trova comoda quella posizione!

Quindi cerca di fare una buona distinzione tra ciò che pensi che sia e ciò che è realmente.

DIREZIONE DEL CORPO

Anche la direzione del corpo è un aspetto fondamentale da osservare e da tenere a mente per ottenere informazioni importanti su una persona.

Infatti la **cinesica** (dal greco **kinesis**, movimento) ovvero la scienza che studia il linguaggio del corpo, ha dimostrato che il corpo umano tende ad avvicinarsi e a rivolgersi verso le persone da cui siamo attratti, in modo del tutto involontario e senza che noi ce ne accorgiamo.

Questo perché deriva molto probabilmente da un fattore inconscio il quale non abbiamo modo di controllare.

Ecco alcune criticità che possono rivelare informazioni riguardo al grado di relazione che il tuo interlocutore ha verso di te:

- Quanto il suo corpo è rivolto verso il tuo;

- La direzione che punta complessivamente il suo viso, il suo busto e il suo sguardo;

- Se il suo corpo è girato in tuo favore nonostante i suoi occhi guardino altrove;

- E al contrario, Se nonostante ti stia guardando, il suo corpo è rivolto altrove;

Per analizzare facilmente il significato, in generale è sufficiente osservare verso quale punto è rivolto il suo corpo.
Ricordati che gli occhi e lo sguardo possono essere controllati, ma l'inconscio no!

Perciò se la persona che stai analizzando, ti guarda ma il suo busto e il resto del corpo tende a rivolgersi altrove, allora la sua attenzione non è del tutto rivolta verso di te, ma verso la quale in busto punta.

LO SGUARDO

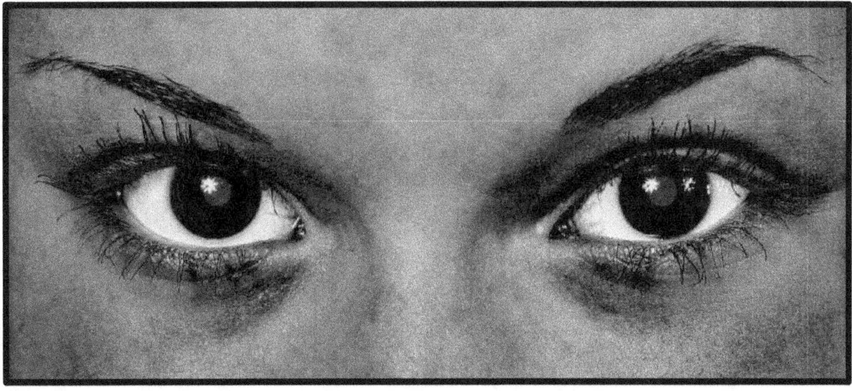

Per quanto possa essere scontato, alcune persone non sono a conoscenza che in termini di comunicazione non verbale, gli occhi sono la parte più espressiva del corpo. In quanto comunicano moltissimi messaggi e rivelano innumerevoli informazioni sui pensieri di una persona.

Infatti c'è un motivo se **Leonardo Da Vinci** li definì lo *"lo specchio dell'anima"*.

Amedeo Modigliani invece, un noto pittore e scultore italiano, dipingeva i volti delle persone senza occhi.
Il motivo da egli dato era perché non poteva dipingere ciò che non conosceva: ovvero l'anima delle donne e degli uomini che venivano ritratti nelle sue opere.

Osservare attentamente ed analizzare lo sguardo di una persona, è fondamentale per leggere i pensieri delle persone.

Ecco a cosa prestare attenzione nello sguardo dell'interlocutore:

- Se il suo sguardo è rivolto verso il basso;

- Se durante una conversazione l'interlocutore mantiene uno sguardo fisso con la persona con cui sta parlando oppure distoglie spesso lo sguardo;

- La frequenza con cui batte le ciglia;

- Se le sue pupille risultano dilatate o meno;

- Dove cade la sua attenzione durante la conversazione;

Quando ti capita di parlare con qualcuno, presta attenzione ai suoi occhi: osserva se distoglie lo sguardo o mantiene un contatto diretto con i tuoi occhi.

L'incapacità di mantenere un contatto visivo diretto, potrebbe indicare disinteresse, noia o addirittura inganno.

Nel caso in cui invece una persona ho lo sguardo rivolto verso il basso o da un'altra parte, spesso è simbolo di sottomissione o nervosismo.

LO STUDIO DI JEFFREY WALCZYK

Secondo **Jeffrey Walczyk**, uno psicologo alla "Tech University" della Louisiana a Ruston, le persone quando mentono non dimostrano particolari movimenti degli occhi: semplicemente i loro occhi rimangono fermi immobili.

Questo tipo di comportamento è spiegato attraverso il concetto di *"dispendio cognitivo"*.
Ovvero le attività mentali coinvolte nel formulare delle menzogne, sarebbero più complesse e richiederebbero più risorse interne rispetto a quelle coinvolte nell'elaborare la verità.

Nel 2012 lo psicologo Walczyk, aiutato dalla sua squadra di lavoro, fece un esperimento sociale per dimostrare il concetto di dispendio cognitivo.

Mostrò ad alcuni volontari dei filmati di storie criminali. Successivamente i volontari vennero interrogati sugli avvenimenti in qualità di testimoni oculari.
Vennero divisi in due gruppi: al primo gruppo venne chiesto loro di raccontare in modo oggettivo ciò che avevano visto rispondendo alle domande; al secondo gruppo invece venne chiesto di mentire sui fatti.

Ebbene il risultato confermò le aspettative di Walczyk e della sua squadra di psicologi.
Infatti coloro a cui era stato chiesto di mentire sui fatti, risultarono molto più lenti nel rispondere rispetto al primo gruppo.

LA DILATAZIONE DELLE PUPILLE

Lo sapevi che anche le pupille sono una parte del corpo da tenere d'occhio durante un'attenta analisi dello sguardo? Infatti la loro dilatazione può avere un significato di amore, attrazione o interesse.

La dilatazione delle pupille è dovuta all'aumento dello sforzo cognitivo, ed è un processo totalmente automatico che fanno le pupille quando una persona pensa a qualcuno o qualcosa da cui è attratto.

Ovviamente non dovrai utilizzare una lente di ingrandimento per controllare le pupille di chi hai di fronte, ma con un po' di pratica e nelle condizioni giuste, sarà possibile individuare la dilatazione delle pupille nel tuo interlocutore.

IL BATTITO DI CIGLIA

Il normale battito di ciglia di una persona è di circa 8 volte al minuto, però in certe circostanze questo numero può aumentare notevolmente.

Ecco quali sono i principali casi:

1. Quando un soggetto si trova in compagnia di una persona da cui è attratta, il soggetto si troverà in uno stato di tensione a causa della sua presenza, risultando quindi "eccitato". In questo caso le sue ciglia verranno battute con maggiore frequenza.

2. Un'altra circostanza in cui il battito di ciglia di una persona aumenta, è quando mente riguardo a qualcosa; inoltre se il contatto visivo del soggetto in questione risulta molto debole, le probabilità che stia mentendo aumenteranno notevolmente.

Guarda attentamente anche dove si pone lo sguardo del tuo interlocutore. Se il suo sguardo va verso una direzione o verso un oggetto in particolare, allora molto probabilmente è perché la sua testa lo desidera in quel momento.

Ecco due esempi per capire meglio il concetto:

1. Se mentre stai dialogando con una persona, quest'ultima tende a guardare spesso in direzione della porta, significa che il suo desiderio è quello di andarsene. Di conseguenza puoi dedurre che il discorso trattato non risulta di suo interessante oppure la sua attenzione è rivolta verso qualcosa di più importante.

2. Se anche in questo caso, mentre stai dialogando con una persona e il suo sguardo si concentra verso qualcun altro, molto probabilmente è perché non ha desiderio di parlare con te, ma con la persona da cui è attratta in quel momento.

GLI STUDI SULLA DIREZIONE DELLO SGUARDO

Essendo stati definiti *"lo specchio dell'anima"*, gli occhi forniscono moltissime informazioni e indizi su cosa pensa realmente una persona; ma non tutti sanno come analizzare gli occhi di una persona per estrapolare ogni messaggio.

Solo poche persone conoscono la tecnica delle **"Indicazioni Oculari d'Accesso"** (in inglese "Visual Accessing Cues").

Questa tecnica venne studiata e applicata per la prima volta da **Richard Bandler** e **John Grinder**, due psicologi e ideatori della **PNL** (Programmazione Neuro Linguistica).

Consiste nell'intuire se il nostro interlocutore sta pensando ad un'immagine, ad un suono o ad un'emozione osservandone semplicemente la direzione del suo sguardo.

Infatti come ti sarà già capitato di vedere, durante una conversazione, gli occhi guardano un po' da tutte le parti. Ebbene ora ti spiego nel dettaglio il significato degli sguardi di una persona.

Ecco la lista dei tipi di sguardi e i relativi significati:

- Quando lo sguardo di una persona è rivolto in **basso e a destra**: <u>riporta alla mente sensazioni e sentimenti</u>;

- Quando lo sguardo di una persona è rivolto in **basso e a sinistra**: <u>parla con sé stessa</u>;

- Quando lo sguardo di una persona è rivolto in **alto e a sinistra**: <u>cerca di visualizzare qualcosa che è accaduto in passato</u>;

- Quando lo sguardo di una persona è rivolto in **alto e destra**: <u>cerca di immaginare qualcosa</u>;

- Quando lo sguardo di una persona è rivolto **a sinistra**: <u>cerca di ricordare dei suoni</u>;

- Quando lo sguardo di una persona è rivolto **a destra**: <u>cerca di ricostruire dei suoni</u>;

Ti consiglio di imparare queste nozioni e metterle in pratica un'po' alla volta, all'inizio ti risulterà complicato star dietro a tutto ma ti ripeto ed assicuro che con il tempo e l'esperienza sarai in grado di padroneggiare queste abilità.

L'INTENSITÀ DELLO SGUARDO IN RELAZIONE AL LINGUAGGIO DEL CORPO

Come ormai ripetuto molte volte nelle pagine precedenti, gli occhi trasmettono davvero tanti indizi e segnali da cogliere. Adesso vedremo i sei tipi di sguardo più usati e più conosciuti.

- *Lo sguardo di traverso;*
- *Lo sguardo dall'alto in basso;*
- *Lo sguardo prolungato;*
- *Lo sguardo da duro;*
- *Lo sguardo sfuggente;*
- *Lo sguardo ad occhi chiusi;*

Sicuramente tra questi c'è ne qualcuno che già conosci, ma è sempre meglio fare un ripasso a riguardo.

LO SGUARDO DI TRAVERSO

Questo sguardo è uno dei primi segnali di interesse romantico. Essendo molto sottile e allusivo permette ad una persona di "flirtare" in modo molto velato senza uscire troppo allo scoperto.

LO SGUARDO DALL'ALTO IN BASSO

Questo sguardo viene usato principalmente dagli uomini in cerca di una "preda" femminile. Infatti quando un uomo guarda una donna dalla testa ai piedi squadrandola in questo modo, la sta valutando come ipotetica partner sessuale. Nel caso in cui questo sguardo venisse ripetuto più volte, quasi sicuramente sta a significare che da parte dell'uomo vi è una forte attrazione fisica verso la donna, e che le fantasie sessuali di lui hanno già preso il volo nella sua testa.

LO SGUARDO PROLUNGATO

Questo tipo di sguardo viene usato molto quando si ha l'intenzione di far capire in modo molto chiaro la propria attrazione sessuale verso un altro individuo. Pertanto è usato da persone che vogliono mandare il messaggio di voler "arrivare al sodo".

LO SGUARDO DA DURO

Questo tipo di sguardo viene spesso accompagnato da pupille contratte e occhi socchiusi. L'avrai sicuramente visto, è caratteristico del "cattivo" all'interno dei film. Il suo scopo è quello di segnalare alla persona presa di mira che egli possiede un atteggiamento minaccioso, invadente ed aggressivo, di conseguenza è meglio stargli lontano.

Lo sguardo da duro è diverso dallo sguardo prolungato, in quanto non è caratterizzato da pause ed è molto più insistente.

LO SGUARDO SFUGGENTE

Questo sguardo indica che l'interlocutore si sta dimostrando ingannevole. Il che significa che si sente colpevole di qualcosa per cui si sta discutendo oppure che stia mentendo. Un altro pretesto usato per sfuggire al contatto visivo è il metodo di "stropicciarsi l'occhio", anch'esso è un simbolo di menzogna.

LO SGUARDO AD OCCHI CHIUSI

Non è un semplice battito di palpebre, ma consiste nella chiusura prolungata di un occhio, la quale risulta molto percepibile dall'osservatore.
Se beccate che il vostro interlocutore tende a fare questo, allora molto probabilmente è perché non ha più intenzione di ascoltarvi ed è distratto da qualcos'altro.
Questo gesto è spesso accompagnato dal sollevamento delle sopracciglia.

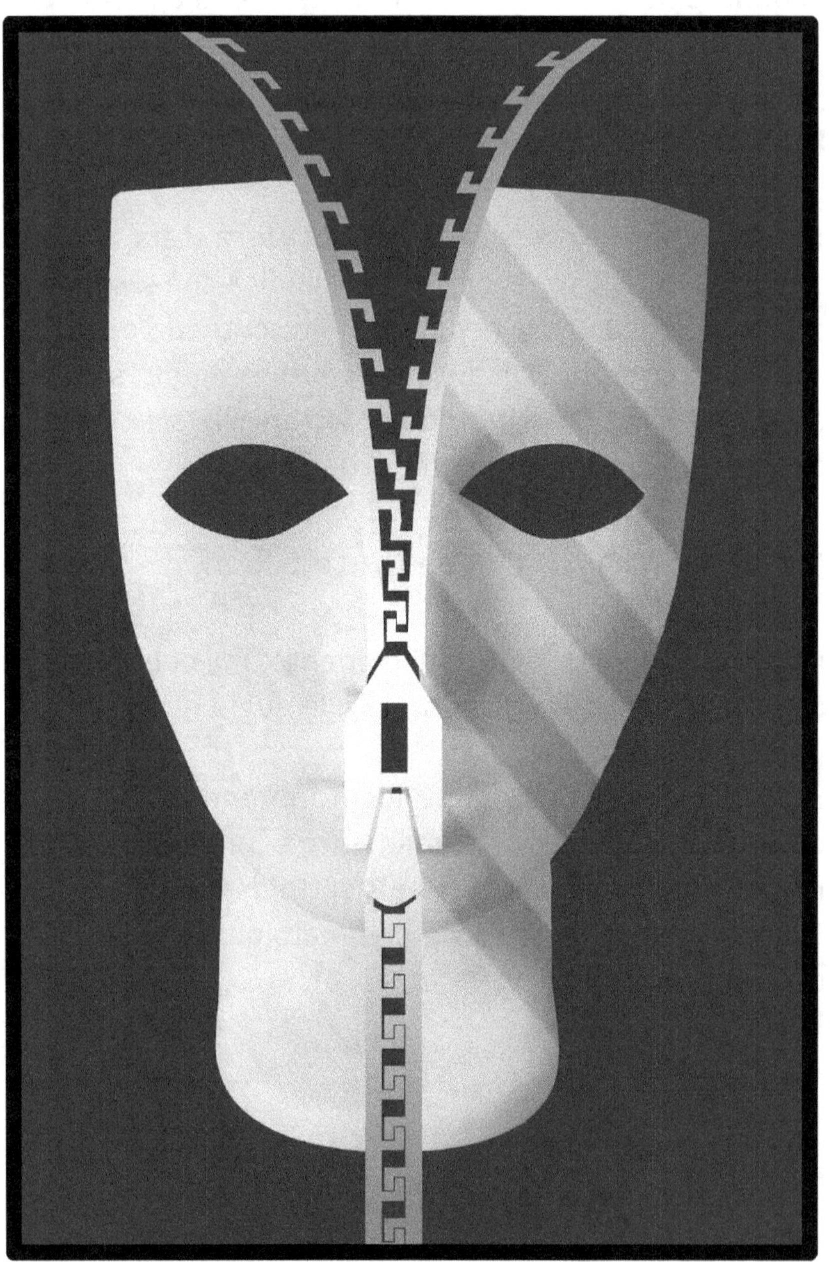

CAPITOLO 4:
IL LINGUAGGIO DEL CORPO NEL CORTEGGIAMENTO E NELLA SEDUZIONE

"La donna inizia il corteggiamento nel 90% dei casi, ma lo fa in modo talmente sottile che gran parte degli uomini pensano di essere loro a prendere l'iniziativa"

Allan e Barbara Pease

Eccoci arrivati a un argomento molto interessante, come hai potuto leggere dal titolo, è arrivato il momento di parlare del linguaggio del corpo durante il corteggiamento e la seduzione.

Durante i primi appuntamenti riconoscere e interpretare il linguaggio del corpo dell'altra persona è un elemento fondamentale per capire fin da subito chi si ha davanti. Esso rivela l'entusiasmo, la disponibilità, il fascino, la sensualità o lo stato di disperazione di una persona.

Le donne in questo campo hanno un grosso vantaggio sull'uomo, oltre ad essere più abili nella lettura dei segnali corporei, sono anche capaci di farne un uso migliore.

L'uomo al contrario, essendo meno abile nella lettura dei segnali corporei, spesso tende a confondere la manifestazione di amicizia con la dichiarazione di un interesse di natura sessuale.

A dimostrazione di quanto appena scritto, secondo una ricerca effettuata da un'università americana, condotta con l'utilizzo della risonanza magnetica, è stato dimostrato che le donne quando sono intente a decifrare il comportamento altrui, attivano ben 16 aree del cervello. A differenza degli uomini che ne attivano solamente 6.

Tale ricerca venne poi pubblicata sulla rivista scientifica "Journal of Human Behavior in the Social Environment".

Lo psichiatra **Albert Scheflen** scoprì che quando una persona entra in contatto con un soggetto del sesso opposto, il suo corpo va incontro a determinate variazioni fisiologiche.

Ecco le principali:

- Il tono muscolare tende ad aumentare in vista di un potenziale incontro sessuale;

- I gonfiori del viso e le borse sotto gli occhi diminuiscono;

- Il ventre automaticamente viene retratto;

- Il petto viene spinto all'infuori;

- L'intero corpo assume una postura più eretta;

Inoltre secondo diversi studi scientifici, al contrario di quanto si pensa, è generalmente la donna che compie mossi iniziali nel corteggiamento, inviando segnali all' ipotetico partner.

Per quanto riguarda il comportamento messo in atto da entrambi i sessi durante il "rituale del corteggiamento", l'uomo cerca di accentuare la propria virilità; mentre la donna invece cerca di apparire più il più femminile possibile.

I tre principali segnali di disponibilità presenti tra due persone durante un corteggiamento sono:

1. Lo sguardo diretto;
2. Il sorriso;
3. Il corpo rivolto in direzione dell'ipotetico partner;

In presenza di questi tre elementi si può dedurre che i soggetti siano disposti ad avviare un dialogo e a proseguire il rituale del corteggiamento.

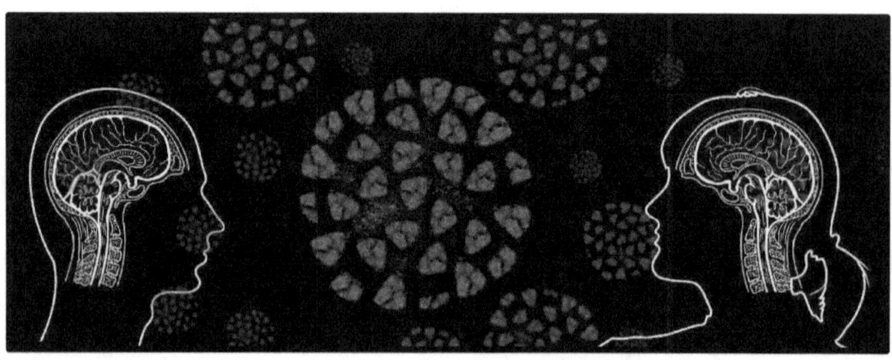

L'UOMO

Il linguaggio del corpo maschile è generalmente più semplice e lineare rispetto a quello femminile. Infatti tende ad essere diretto e a limitarsi esclusivamente all'essenziale.

Però pur essendo molto essenziali, con un po' di attenzione, i suoi segnali sono facilmente percepibili. Nelle prossime righe ti elencherò le **10 principali caratteristiche** da osservare ed analizzare in un uomo per entrare nei suoi pensieri e capire quali siano le sue intenzioni.

1. SI AVVICINA VERSO LA PARTNER

Questo è un gesto da intendere come un segnale
di gradimento da parte sua. Il movimento
potrebbe essere più o meno accentuato ma il
segnale trasmesso è comunque molto chiaro:
apprezza la compagnia e lo dimostra accorciando
le distanze.
Inoltre ridurre lo spazio interpersonale
contribuisce ad aumentare la tensione sessuale
tra i due soggetti.

2. CERCA IL CONTATTO FISICO

È il segnale più palese che un uomo possa
utilizzare per far capire il suo interesse.
Attenzione però a non commettere l'errore di non
valutare anche il soggetto; tendenzialmente i
soggetti maschili più timidi potrebbero
mantenersi a distanza per paura o inesperienza.

3. SORRISI SPONTANEI

L'uomo alla vista della partner, tenderà a
sorridere in modo molto sincero e spontaneo.
Ovviamente è un segnale positivo, soprattutto se
il sorriso coinvolge tutti i muscoli del viso ed è
accompagnato da sguardi prolungati.

4. OCCHIO AGLI SGUARDI

I suoi occhi e i suoi sguardi possono comunicare molto riguardo i suoi pensieri. Se il contatto visivo è intenso e duraturo, significa che prova interesse nella partner ed è ben coinvolto dalla conversazione.
Sguardi e occhiate soffermate più del dovuto su alcune parti del corpo invece, sono un ulteriore conferma dell'attrazione fisica e dell'interesse nei confronti della partner.

Potrebbe capitare inoltre che l'uomo tenda a guardare spesso le labbra della partner, in quel caso il significato è che i suoi desideri siano quelli di baciarla.

5. I MOVIMENTI DELLE SOPRACCIGLIA

Le sopracciglia essendo governate da movimenti involontari, sono in grado di comunicare messaggi altrettanto importanti.

Quando l'uomo tende ad aggrottare le sopracciglia, significa che è molto incuriosito dalla partner, e che non vuole perdersi nemmeno una parola di ciò che sta dicendo; per poterla capire al meglio.

Invece nel caso in cui l'uomo tenda a sollevare le sopracciglia, molto probabilmente potrebbe essere rimasto colpito o impressionato dalla situazione o dal discorso in atto.

6. L'USO DELLE MANI

L'uomo che ai primi appuntamenti gesticola molto con le mani, essendo quest'ultimo un modo di flirtare, è un ulteriore segnale di attrazione verso la partner.
Inoltre se dovesse posizionare le mani dietro la nuca o dietro la schiena, sta a significare che si sente rilassato in presenza della partner (quindi si trova bene in quel contesto).

7. LA DIREZIONE DEI SUOI PIEDI

Per quanto possa sembrarti strano, anche la direzione dei piedi può dare qualche indizio su quali siano i suoi pensieri.
Solitamente la direzione dei piedi indica dov'è rivolta l'attenzione: se i suoi piedi sono rivolti verso la partner, significa che l'attenzione è verso di lei ed è quindi un segnale positivo e di gradimento.
In caso contrario, se i suoi piedi sono rivolti verso un'altra direzione, significa che non è molto preso dalla partner in quel momento e che vorrebbe o potrebbe andarsene da un momento all'altro.

Ovviamente il tutto va valutato e rapportato in base al contesto in cui ci si trova.

Le **7 caratteristiche** appena elencate, descrivevano il suo comportamento in solitaria. Quando l'uomo si trova in gruppo assieme ad altre persone, invece, tende ad avere modi di fare diversi per flirtare con una ipotetica partner.

Questo è l'elenco dei **3 atteggiamenti** da lui più utilizzati nel contesto di gruppo:

8. SCEGLIE CON CURA IL SUO OUTFIT

Se l'uomo presta particolare attenzione al modo di vestirsi quando sa di incontrare una persona particolare, è perché vuole mostrarle il suo lato migliore cercando di apparire positivamente ai suoi occhi.
Non necessariamente stravolgerà il suo look, ma cercherà sempre di apparire. Per esempio potrebbe indossare una camicia perfettamente stirata, avere addosso un tocco di profumo, indossare un paio di scarpe eleganti oppure un accessorio alla moda.

9. SI ATTEGGIA DA PAVONE

L'uomo quando è in gruppo cerca di farsi bello
agli occhi della persona che gli interessa:
potrebbe vantarsi di una sua vittoria, di un suo
successo in ambito sportivo o lavorativo.
In qualche modo cerca di attirare l'attenzione
su di sé per provare a distinguersi dal resto del
gruppo.

10. SI COMPORTA DIVERSAMENTE NEI
CONFRONTI DI LEI

Quando è in presenza di una persona che gli
interessa, pur essendo in gruppo tenderà a
riservarle un comportamento diverso e
speciale rispetto agli altri membri del gruppo.
Questo è un modo per cercare di corteggiarla.

Ad esempio potrebbe riservare delle premure nei suoi confronti, che gli altri non sono soliti ricevere.

Queste erano le principali 10 caratteristiche e atteggiamenti a cui prestare attenzione per leggere nella mente di un uomo durante il suo corteggiamento e seduzione. Con questi insegnamenti ed un minimo di pratica, sarà semplicissimo entrare nei suoi pensieri e capire le sue vere intenzioni.
Ovviamente tutti gli atteggiamenti vanno valutati in base al contesto e alla situazione. Senza prendere troppo sul serio ogni suo singolo comportamento.
Ma nel caso in cui molteplici degli atteggiamenti siano tra quelli sopra elencati, l'interesse è certo.

LA DONNA

Come già annunciato e spiegato nelle pagine precedenti,
è la donna ad avere un netto vantaggio nel leggere i
segnali che il corpo manda durante la seduzione.
Ciò però non significa che per gli uomini sia impossibile
entrarle nella mente per capire quali siano i suoi
pensieri.

Tutti gli studi condotti in questo campo dimostrano che
è la donna nella maggior parte dei casi a fare la prima
mossa nel corteggiamento, mandando una serie di sottili
segnali con occhi, viso e corpo.
I segnali corporei femminili sono più complessi e sono
utilizzati nella seduzione con più alchimia.

Se il prescelto è abbastanza sveglio e percettivo da
coglierli allora le risponderà. Alcuni uomini invece
tentano l'approccio senza aver ricevuto il via libera dalla
donna: la loro strategia si basa solamente sul calcolo
delle probabilità.

Anche in questo caso, verranno elencati **10** degli
atteggiamenti e dei modi di fare più caratteristici della
donna durante un corteggiamento.

1. ABBASSA O INCLINA LA TESTA LATERALMENTE

Mentre l'uomo durante la seduzione tende a
muovere la testa principalmente dal basso verso
l'alto, la donna invece utilizza anche movimenti
laterali, in modo da poter muovere i capelli e
reindirizzare lo sguardo in forma più erotizzante, in
quanto i suoi occhi appaiono più grandi conferendo
un aspetto di vulnerabilità.
Inoltre il movimento laterale della testa, permette di
mettere in mostra la superficie laterale del collo, il
quale gioca un ruolo fondamentale. Questo è un
segnale di "messa a nudo", del desiderio del bacio e
dell'intimità più intensa.
Potrebbe inoltre toccarsi o sfiorarsi il collo con le
mani, risultano un'area vulnerabile del corpo.

2. SORRIDE FUGACEMENTE

Alcune volte la donna per segnalare la propria disponibilità, sorride verso il "prescelto" in modo fugace e breve. Molti uomini tendono però a non cogliere questo segnale che se pur sottile, ha comunque molto importanza.

3. GIOCA CON LE LABBRA

L'attrazione femminile non risiede solamente nel sorriso, ma anche in quelle micro gestualità che una donna tende a mostrare in modo del tutto involontario. Micro gestualità come passare la lingua sul labbro inferiore, protendere in avanti le labbra, mordicchiarle leggermente con i denti e tutti quei piccoli sfregamenti delle labbra rapidi o prolungati che mostrano un'apertura attrattiva.

4. SI ACCAREZZA LE MANI

Quando una donna si trova bene durante una situazione di corteggiamento, e prova attrazione verso chi ha di fronte, tende a dimostrarlo anche dall'accarezzamento delicato delle proprie mani. Gli auto-sfregamenti nella maggior parte delle volte sono poco visibili, ma possono dare la conferma del corteggiamento.

Pertanto quando una donna che nel pieno della conversazione tende a sfregarsi delicatamente le mani, a passare il pollice sul proprio polso oppure a mettere in contatto le proprie ginocchia, generalmente corrisponde a un modo totalmente involontario e inconscio per suscitare una parte del corpo a vivere delle emozioni tattili significative.

In questo caso però bisogna stare attenti a valutare anche il contesto e guardare la situazione da più punti di vista. Perché il discorso può andare agli antipodi: dall'auto-richiesta di consolare una parte di sé che in quel momento non si trova molto a proprio agio, all'auto-alimentazione di una fantasia erotica.

5. RESPIRA PROFONDAMENTE

Nella psicologia del linguaggio del corpo, questo è forse uno dei segnali più difficili da cogliere. Quando si riesce a notare un respiro più intenso del dovuto, può essere letto come un abbassamento di tensione e rilassamento di maggiore intensità. Infatti un respiro profondo equivale ad una pausa riflessiva, ed aiuta a sciogliere la tensione corporea.
È quindi sinonimo di sentirsi a proprio agio durante la conversazione.

6. HA LO SGUARDO PARTICOLARMENTE INTENSO

In una donna il linguaggio degli occhi ha un grandissimo valore durante il gioco della seduzione. Se i suoi sguardi sono profondi, ricchi di intensità, non si distaccano dall'ipotetico partner, allora quasi sicuramente è sinonimo di molto interesse da parte sua nei confronti del partner. Al contrario invece, nel caso in cui i suoi sguardi dovessero risultare alquanto deboli ed accompagnati da più comportamenti che segnalano una sua chiusura, la percentuale di interesse si abbassa drasticamente.

7. ACCAVALLA LE GAMBE

Un altro segnale di seduzione molto forte da parte delle donne è quello di accavallare le gambe, infatti oltre a significare sicurezza e interesse, viene eseguito (in maniera inconscia) anche per evidenziare la propria tonicità.

La maggior parte degli uomini appunto, concorda che questa sia la posizione più affascinante che una donna possa assumere quando si trova seduta.

8. IL COLORITO DELLA PELLE CAMBIA

Oltre all'uomo, anche la donna quando si trova con una persona per cui prova interesse ed attrazione fisica sente le "farfalle nello stomaco".

Questa sensazione comporta un aumento del battito cardiaco, di conseguenza un aumento di tutti gli indici corporei: la traspirazione diventa più marcata (potrebbe notarsi un filo di sudorazione), la respirazione si accorcia e assume un colorito della pelle più acceso. Le persone più timide tendono anche ad arrossire, ma se il partner lo apprezza e lo trova tenero, allora è segno di interesse.

9. SI TOCCA I CAPELLI

Questo è uno degli atteggiamenti più comuni nelle donne, infatti anche in questo caso, in modo totalmente inconscio tendono ad accarezzarsi i capelli con uno scopo ben preciso: quello di attirare l'attenzione del partner su sé stessa e sulle sue chiome (che sprigionano feromoni). Questo è un segnale molto chiaro e riconoscibile, e indica che in qualche modo ci sta provando e/o vuole tutte le attenzioni su di lei.

10. SI VESTE ELEGANTE

Ultimo ma non per importanza, come anche per l'uomo, la donna quando sa di dover incontrarsi con una persona per cui prova interesse, tenderà ovviamente a curare il proprio outfit. Cercando di apparire ai suoi occhi nel migliore dei modi, magari utilizzando un profumo particolarmente intenso.

Queste erano le **10 tecniche di seduzione** e caratteristiche più usate dalla donna durante il suo corteggiamento.

Ovviamente presi singolarmente questi atteggiamenti non danno la certezza che le sue intenzioni siano quelle di sedurre e conquistare; ma se presi nell'insieme e presenti contemporaneamente durante un contesto, la probabilità che ci sia l'intenzione da parte sua di sedurre l'uomo è molto alta.

Tra l'altro alcuni studi hanno constatato un dato alquanto interessante:

Quanto più la donna lascia che l'uomo si avvicini alla propria borsetta, tanto più è disponibile nei suoi confronti.

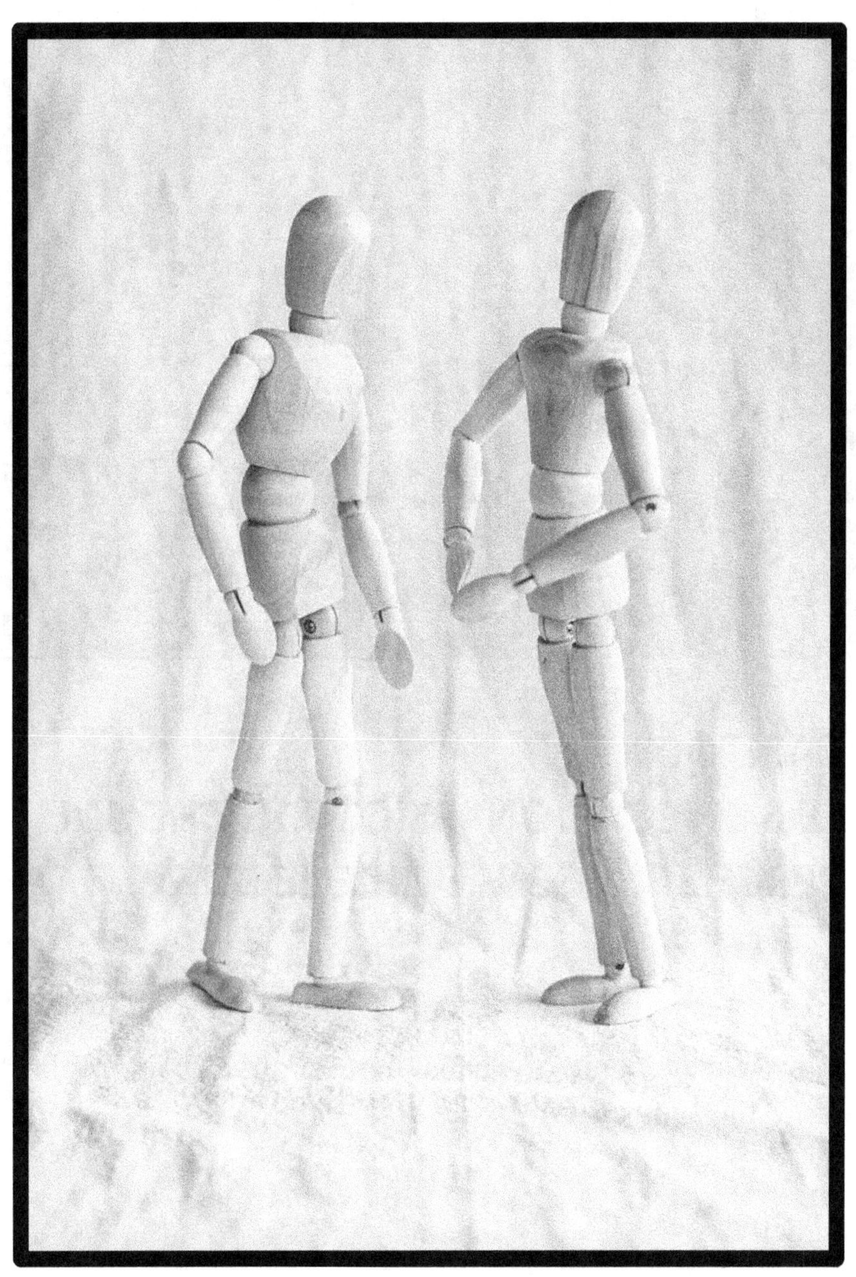

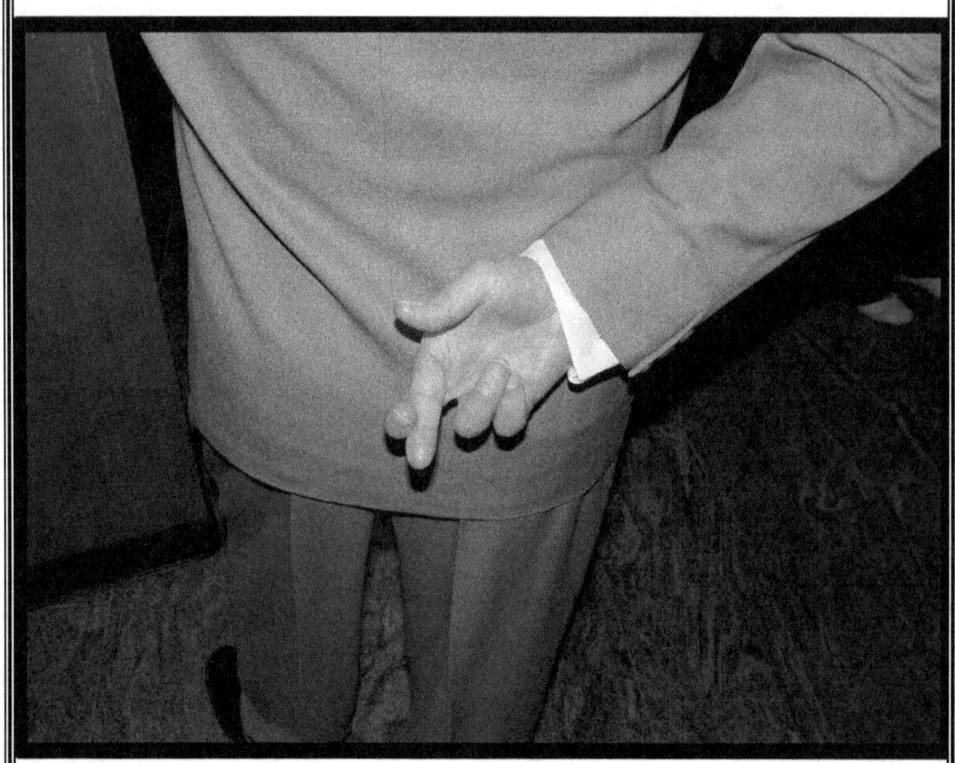

CAPITOLO 5:
LE 6 SPIEGAZIONI PSICOLOGICHE SUL PERCHE' LA GENTE DICE LE BUGIE

"Una bugia è come una palla di neve: quanto più rotola tanto più s'ingrossa."

Martin Lutero

Si sa, tutte quante le persone mentono. Si incomincia da bambini raccontando le prime bugie per evitare le punizioni, ma questo comportamento lo si porta con sé fino all'età adulta compresa. Ma perché l'essere umano mente? E perché lo fa specialmente con le persone che ha vicino?

Dire le bugie è una tecnica usata principalmente per controllare e manipolare i comportamenti, i sentimenti e i pensieri degli altri. Nella maggior parte dei casi, mentire è un atto spontaneo e naturale, che viene fatto con poca consapevolezza e senza averci prima pensato.

Dagli studi effettuati nel settore, le motivazioni psicologiche che portano una persona a mentire sono principalmente sei. Le persone non sono motivate necessariamente da tutte quante, ma tendono a farlo principalmente per uno o più tra i seguenti fattori che andremo ad analizzare.

Secondo una ricerca americana, inoltre, sembra che lo si faccia in media da una a due volte al giorno, e nelle prossime righe ti spiegherò il motivo di tale gesto.

Ecco quindi le **6 motivazioni psicologiche** sul perché l'essere umano dice le bugie:

EVITARE PUNIZIONI

Mentire è spesso usato come mezzo per evitare una punizione o un possibile rifiuto. Noi esseri umani siamo predisposti ad evitare il dolore e spesso tendiamo ad utilizzare le menzogne per evitarlo.
I bambini incominciano molto presto a dire le bugie, appunto per evitare punizioni fisiche o emotive da parte dei genitori per aver infranto le regole.
Un adulto invece tende a mentire verso il proprio partner per paura di allontanare o per paura di perdere la propria compagna / il proprio compagno.

CERCARE L'APPROVAZIONE

Non sempre si mente per evitare una punizione come abbiamo visto nelle precedenti righe, ma a volte è un modo per soddisfare il bisogno di sentirsi approvati.
L'inganno è spesso usato per mostrare un'immagine positiva di sé o per fare un'ottima impressione agli occhi degli altri.
Questa è una caratteristica della personalità narcisista che ha bisogno di creare un'immagine grandiosa di sé stessa per evitare un'intimità psicologica per la quale potrebbe sentirsi minacciata.

EVITARE IL CONFLITTO

Nelle coppie capita molto raramente di parlare dei problemi che si presentano in modo totalmente aperto e confrontandosi con la calma necessaria. Il motivo è dovuto al fatto che potrebbe portare a conflitti senza fine, e purtroppo trovarsi troppo spesso in conflitto è molto dannoso per una relazione.

Quindi nella maggior parte dei casi, per evitare di litigare su ogni problema che insorge, si preferisce utilizzare una piccola (o grande) bugia per evitare il conflitto, affinché si possa continuare ad andare avanti in modo sereno e pacifico.

QUESTIONE DI POTERE

Che sia più o meno evidente, in tutte le relazioni sono presenti dei "livelli di potere". Il potere implica l'ultima parola quando si tratta di fare scelte importanti. In base al discorso che si sta effettuando e al tipo di questione, il potere spesso passa da un partner all'altro.

Ad esempio un partner potrebbe avere il *"potere sociale"*: ovvero un maggiore controllo nelle situazioni sociali; mentre l'altro partner potrebbe avere un *"controllo economico"*.

Come regola generale, nella maggior parte dei casi chi ha meno potere in qualsiasi situazione tende a mentire per poter avere influenza sul risultato finale desiderato.

Infatti i bambini sono più inclini a mentire ai genitori; i dipendenti sono inclini a mentire ai datori di lavoro; nelle relazioni accade la stessa cosa.

Quindi detto in parole semplici: chi ha meno "potere" tende a mentire per ottenere quello che desidera.

MANTENERE LA PRIVACY

Tutti quanti hanno bisogno della propria privacy, ovvero di sentirsi indipendenti, autonomi e liberi. Alle persone piace sentirsi in controllo, soprattutto quando si tratta di informazioni su sé stessi.
Pertanto, quando capita di ricevere delle domande troppo personali, si tende a mentire per non rivelare e far conoscere informazioni di sé che si preferisce mantenere private.

Ciò accade tra amici, tra conoscenti ed anche tra le coppie. Quest'ultimo accade perché vivere in coppia non significa che bisogna rinunciare completamente alla propria privacy.

Perciò il gesto di mentire viene usato spesso per mantenere un senso privato e indipendente di sé stessi.

È SEMPRE SBAGLIATO MENTIRE?

Fin da piccoli ci viene insegnato che mentire è sbagliato, con la minaccia di incorrere in punizioni.
Quante volte abbiamo sentito pronunciare queste frasi?

> ➢ "Mentire è peccato";
> ➢ "Solo i bambini cattivi dicono le bugie";
> ➢ "Dire le bugie è sbagliato";

E in parte è giusto, ma nelle situazioni nelle quali è presente un abuso di potere, spesso mentire è l'unico modo per salvaguardare sé stessi.

Ad esempio se un genitore troppo controllante con i figli, se un datore pretende troppo da un dipendente o se un partner è troppo geloso, mentire può essere l'unica soluzione per evitare di subire abusi emotivi ripetuti nel tempo.

Come hai potuto leggere nelle righe precedenti, sono varie le motivazioni che portano una persona a mentire, fa parte del genere umano e della sua indole.

La menzogna, nella gran parte dei casi, viene usata per ottenere un obbiettivo specifico, ed è caratterizzata sempre da due fasi:

1. Quella in cui si genera la bugia;
2. Quella in cui si nasconde la verità;

Tali fasi generano uno sforzo cognitivo altissimo che implica molta fatica al sistema nervoso, tanto che quando si racconta una bugia, si impiega più tempo a rispondere alle domande.

Infine spesso l'atto della menzogna è solo causa di stress, lo psicologo **Shaul Shalvi** dell'Università di Amsterdam ha dimostrato che si tende a mentire maggiormente quando ci si trova sotto pressione, perché si cerca la situazione più breve ed immediata per ottenere un risultato.

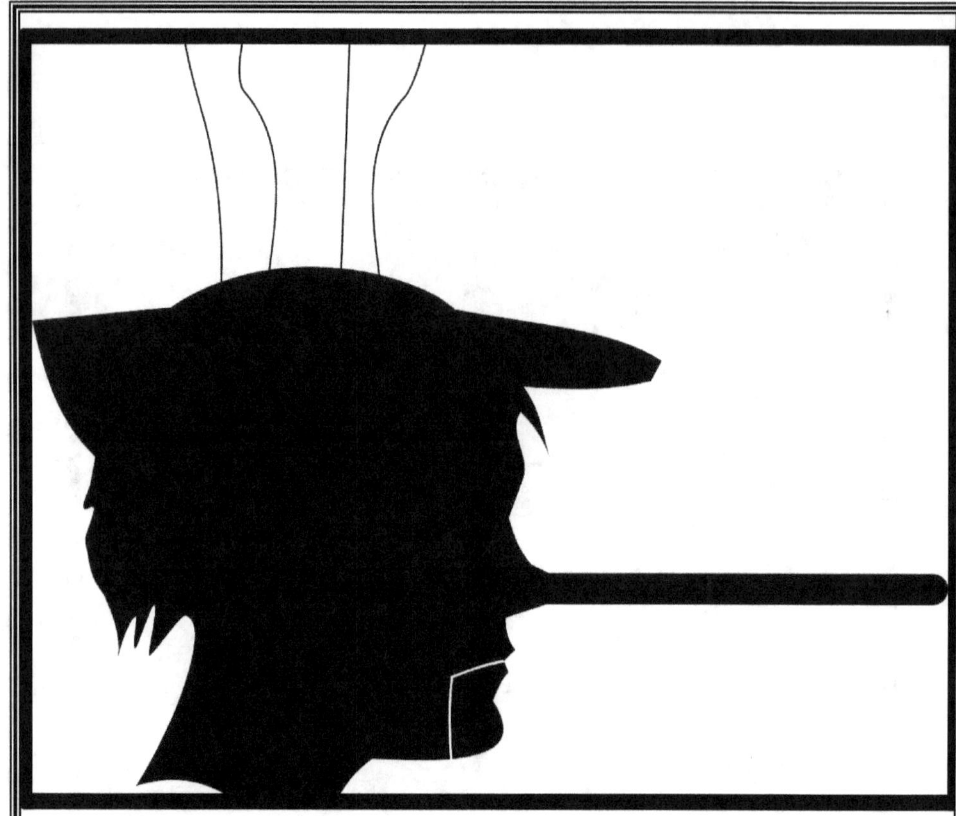

CAPITOLO 6:
11 SEGRETI + 1 PER SMASCHERARE UN BUGIARDO

"Spesso il tono di voce o lo sguardo di una persona hanno un impatto maggiore delle parole che pronuncia."

Alexander Lowen

Le persone mentono continuamente, e dopo aver letto il capitolo precedente conosci anche quali sono le motivazioni che portano le persone a mentire così spesso.

Rimane comunque un tuo diritto conoscere la verità (a prescindere dall'argomento di cui si tratti) e sapere se la persona che hai d'avanti è una che tende spesso a mentire o meno.

Ed io in questo capitolo ti darò tutte le dritte per stare sempre un passo avanti agli altri.

Tuttavia non tutti i bugiardi mentono alla stessa maniera, ed alcuni sono talmente tanto bravi a farlo che riescono a nasconderlo molto bene.

Ovviamente la certezza di scovare le bugie al 100% non esiste, neppure con la macchina della verità, fatto sta che avere queste conoscenze è sempre meglio di non averle!

Non ti metterò a disposizione solamente delle teorie senza un minimo di certezza, ma ti svelerò i migliori metodi comprovati da studi scientifici.
Studi scientifici condotti per anni da **Paul Ekman**, uno psicologo americano ed autore della *"Teoria Neuroculturale"*.

Dopo aver ripreso gli studi sulle espressioni facciali in relazione alle emozioni di Darwin, l'autore Paul Ekman dimostra l'esistenza di una **"Università Delle Emozioni"**. Quest'ultima spiega che ogni persona a prescindere dal continente in cui è nata, esprime nella stessa maniera le sei emozioni principali che si provano fin dalla nascita.

Le sei emozioni native sono:

1. Felicità
2. Rabbia
3. Tristezza
4. Disgusto
5. Sorpresa
6. Paura

Nonostante gli esseri umani crescendo imparino a controllare le proprie emozioni e a modificare le espressioni facciali (per non dimostrare ciò che realmente provano), è possibile identificare alcuni stili caratteristici della menzogna; quest'ultimi correlati a specifiche situazioni relazionali.
La discriminante fondamentale è la seguente:

Se il soggetto che mente ha il dubbio che il suo interlocutore sospetti di qualcosa o meno.

Perciò, a seconda che il bugiardo si senta con gli occhi puntati addosso o meno, adotterà due modalità diverse per mentire.

1. **PRIMA MODALITÀ**

La prima modalità consiste nell'adottare un comportamento **misterioso** ma nello stesso tempo molto **chiacchierone**. Questo tipo di atteggiamento viene utilizzato nel caso in cui il bugiardo non si senta per nulla gli occhi puntati addosso. Per sviare alle domande che gli vengono poste, cercherà di confondere l'interlocutore utilizzando un linguaggio molto veloce e a "macchinetta". Inoltre in questo caso il bugiardo adotterà un volume della voce molto alto in modo da adottare un comportamento aggressivo, per attaccare preventivamente l'interlocutore.

2. **SECONDA MODALITÀ**

La seconda modalità invece consiste nel "**piazzare la bomba e scappare**". La seguente tecnica viene utilizzata nel caso in cui il bugiardo si senta un "sorvegliato speciale". Questa modalità consiste nel preferire un utilizzo di frasi brevi e impellenti, cercando così di rivelare meno informazioni possibili. Al contrario della prima modalità, in questo caso il bugiardo adotterà una voce molto bassa fino quasi a non farsi sentire mentre esporrà la menzogna. Inoltre il suo modo di parlare risulterà monotono ed il suo ritmo rallenterà in modo da prendere tempo per inventarsi qualcosa da dire che risulti credibile.

Ovviamente ci sono delle precisazioni da fare: prima di dare del bugiardo a qualcuno bisogna un minimo conoscerlo. Nel senso che se il modo di parlare di una persona è già di per sé molto lento e con una voce bassa, non vuol dire che sia costantemente un bugiardo.

Infatti questa tecnica è da utilizzare su persone che conosciamo e già sappiamo come si comportano normalmente, in quel caso se dovesse presentarsi un netto cambio di voce e di ritmo di parlata, allora la probabilità che stia mentendo sarebbe alta.

Fatta questa premessa, sono pronto a svelarti quali sono gli **11 segreti + 1** per smascherare un bugiardo.

1. GLI OCCHI DEI BUGIARDI

Ormai abbiamo capito quanto siano fondamentali gli occhi per poter leggere al meglio il linguaggio del corpo.
Il bugiardo molto spesso non ama mantenere il contatto visivo con l'interlocutore, in quanto sa che potrebbe risultare pericoloso. Quindi tende a guardare di qua e di là, per terra o in alto in modo da evitare il più possibile lo sguardo.
Ma attenzione, non sempre è cosi, potrebbe capitare qualche volta in cui i bugiardi siano talmente tanto bravi da conoscere a loro volta il linguaggio del corpo, in questo caso loro tenderanno a fare tutto il contrario.

Ovvero guarderanno fisso negli occhi dell'interlocutore in modo da verificare se la loro bugia funzioni o per sembrare più credibili nel mentre.

2. IL LINGUAGGIO DEL CORPO DURANTE LA MENZOGNA

La comunicazione non verbale di chi mente è strana, ovvero evidenzia alcune differenze rispetto al suo linguaggio del corpo mentre **non** mente.

Chi dice una menzogna di solito ha le seguenti caratteristiche: risulta agitato, sorride meno per sembrare più credibile, sbatte le palpebre degli occhi più rapidamente e attua piccoli cambiamenti nel tono di voce; potrebbe inoltre incrociare le braccia, che come abbiamo visto, nella comunicazione non verbale ha significato di difesa o chiusura.

Inoltre qualche bugiardo potrebbe persino agitare compulsivamente una parte del suo corpo dovuta all'agitazione: per esempio battere un piede per terra di continuo. Potrebbe capitare volta che il bugiardo inizi a toccarsi la bocca, il viso, le orecchie o il naso, oppure potrebbe iniziare a giocare con qualche oggetto che ha tra le mani in quel momento; il tutto è causato da agitazione e stress.

3. I BUGIARDI AMANO I DETTAGLI

Chi mente, molto spesso tende a fornire e a rivelare informazioni aggiuntive, quasi sempre inutili e senza che nessuno gliele abbia chieste. Infatti crede che arricchendo la sua storia di dettagli, quest'ultima possa risultare più credibile. In realtà tutte queste informazioni inutili e aggiuntive non faranno altro che rendere complicato e meno credibile il suo racconto. In linea generale più è elaborata la storia, più è probabile che si tratti di una bugia inventata.

4. I CONTRASTI DEI BUGIARDI

Il linguaggio del corpo di chi mente, quasi sempre tende a risultare contraddittorio, ovvero non va a pari passo con la sua comunicazione verbale.
Per esempio, se la persona in questione dovesse affermare che ha dormito fuori casa per ragioni di lavoro e mentre lo comunica tende a scuotere leggermente la testa a destra e a sinistra esprimendo un piccolo "no", allora il suo linguaggio del corpo non conferma quanto detto con le parole.
In quel caso è molto probabile che si tratti di una menzogna.

5. CHI MENTE È SEMPRE IN "DIFESA"

Il bugiardo tende quasi sempre a stare sulla difensiva. Spesso fa tutto il possibile per allontanare da sé l'attenzione dell'ascoltatore. Inoltre quando viene messa in discussione la sua innocenza, tende ad arrabbiarsi; invece le persone sincere farebbero tutto il contrario: si offenderebbero per esser stati accusati, ma cercherebbero di provare la propria innocenza.

Un altro classico comportamento utilizzato da chi mente, è quello di cambiare discorso cercando di spostare la conversazione su un argomento più conveniente per sé.

Per avere la conferma che si tratti di un bugiardo, puoi fare questa prova: prova a modificare bruscamente il tema della conversazione. Una persona sincera rimarrebbe spiazzata e confusa e cercherebbe di tornare al discorso precedente, mentre il bugiardo sarà felice di quanto appena successo, seguendoti volentieri verso quel nuovo argomento.

6. LE BUGIE FANNO SUDARE!

Alcune persone mentre raccontano una bugia tendono a sudare maggiormente.
Questa caratteristica è più accentuata nelle persone timide e nervose, quindi attenzione a non prendere troppo alla lettera queste indicazioni, isolandole dalla situazione specifica e da una conoscenza più approfondita della persona "sotto accusa".
Forse non lo sapevi, ma gli esperti del settore nei test con il poligrafo (la macchina della verità), per avere la conferma che la persona sotto accusa si tratti di un bugiardo, utilizzano la misura della sudorazione e della traspirazione della pelle su di esso.

Detto ciò, tremare, avere difficoltà a deglutire, sudare maggiormente ed arrossire sono molto spesso segnali del linguaggio del corpo emessi durante l'esposizione di una bugia.

7. LE MICRO-ESPRESSIONI FACCIALI DEL BUGIARDO

Uno dei metodi più efficaci per individuare un bugiardo, consiste nel concentrare l'attenzione sulle sue **micro-espressioni** facciali.
Le micro-espressioni sono appunto delle brevissime smorfie facciali e spesso durano veramente poco, all'incirca un 25esimo di secondo.

Le micro espressioni sono sempre rivelatrici di emozioni nascoste.

Non sono particolarmente facili da notare, ma se si concentra l'attenzione su di esse diventa possibile scovarne qualcuna. Alcune micro-espressioni del viso posso essere: uno sguardo ansioso effettuato per un solo secondo; oppure un mezzo sorriso che dura solo per un attimo.

In altre parole, utilizzando l'emozione della rabbia come esempio, quando una persona si comporta come se fosse felice, ma in realtà è arrabbiata per qualche motivo, la sua vera emozione verrà rivelata in un lampo subcosciente sul suo viso, in questo caso la rabbia.

Non è importante quale sia l'emozione, che sia paura, rabbia, gelosia o felicità poco importa; quello che importa è che per un istante l'emozione sembra cercare un momento di sfogo sul volto della persona. Questa è la micro espressione.

8. CHI MENTE PARLA IN MODO LENTO

Nella maggior parte dei casi, chi mente costruisce la bugia "in diretta", quindi non ha il tempo necessario per costruire una scusa credibile e ben studiata. Ciò comporta una diminuzione della velocità nel parlare. Infatti se si presta attenzione, il bugiardo parlerà più lentamente del normale e addirittura potrebbe fermarsi nel mentre, appunto per cercare di inventare in pochi secondi una bugia che possa andar bene.

9. IL BUGIARDO NON AMA RIPETERE

Questo è un altro dei modi più semplici per smascherare un bugiardo. Basterà chiedere a quest'ultimo di ripetere quanto appena detto per avere la conferma delle vostre accuse. Chi mente non ama ripetere la propria bugia, questo perché essendo stata inventata sul momento, sarà molto facile risultare impacciati nel provare a ripeterla.
Inoltre, nel mentre è possibile scovare alcuni segnali di contraddizione da parte del suo corpo come abbiamo precedentemente visto.

10.   CHI MENTE NON AMA IL CONTATTO DIRETTO

Quasi tutte le persone sulla terra quando devono dire una bugia, preferiscono farlo attraverso l'uso di mail o sms. Questo è dovuto dal fatto che il suo linguaggio del corpo potrebbe tradirlo, o di persona potrebbe non risultare abbastanza credibile.

Perciò, se persiste il dubbio che il messaggio ricevuto sia una menzogna o meno, un modo per scoprirlo è quello di proporre al bugiardo un incontro per chiarire il tutto; quest'ultimo quasi sempre si inventerà una scusa per evitare il contatto diretto.

11.   LA RESPIRAZIONE DEL BUGIARDO

L'undicesimo segnale utile per scovare una menzogna, riguarda la respirazione della persona sotto accusa.

Ovvero, il bugiardo mentre racconta una menzogna, a causa del forte stress che lo affligge in quel momento, tende ad aumentare la sua velocità di respirazione, comportando così una maggiore secchezza alla bocca.

Quanto appena scritto è dovuto al fatto che il suo corpo è sottoposto a stress, il quale induce il cuore a battere più forte e i polmoni a richiedere una maggiore quantità d'aria.

12.   LA MOTIVAZIONE

Prima di concludere, è necessario fare un'ultima considerazione tanto basilare quanto importante: **la motivazione**.

Un'ultima indicazione che ti posso dare, è quella di determinare se la persona sotto accusa ha realmente un motivo per mentire o meno. Qualsiasi persona, nella maggior parte dei casi, tende a mentire quando ha una buona motivazione per farlo.

Quindi potrebbe essere utile chiedersi che cosa ha da guadagnare nel mentire.

Nel caso in cui il bugiardo abbia un obbiettivo da raggiungere e quest'ultimo possa essere raggiunto grazie alla menzogna, allora le probabilità che stia dicendo una bugia sono piuttosto alte.

Tengo a precisare che gran parte di questi segreti e tecniche vengono utilizzate anche dalle forze dell'ordine durante le loro interrogazioni al fine di scoprire più informazioni possibili. Quindi non sottovalutare queste strategie solo perché ti sembrano alquanto banali.

E adesso, prima di chiudere questo capitolo pieno di strategie, ho un'importantissima raccomandazione da farti.

Stai attento a non lasciarti prendere dalla mania "dell'investigatore". Quanto appena detto sulla comunicazione non verbale, sulle micro-espressioni facciali e tutto il resto, sono argomenti affascinanti, ma non sono un gioco.
Se non presterai la giusta attenzione a saper utilizzare al meglio e a interpretare in modo corretto queste tecniche, potresti rischiare di rovinare amicizie vere o amori già sbocciati. Tutto a causa di una valutazione errata di un gesto del corpo che da solo non indica assolutamente una menzogna.
Spero tu possa capire quanto sia delicato questo argomento ed utilizzare queste informazioni nel migliore dei modi.

Chiudo questo capitolo con un piccolo dato scientifico interessante di cui forse non eri a conoscenza.

Il nostro cervello impiega circa 300 millisecondi per capire a livello inconscio se l'altro stia mentendo o no. La nostra "macchina della verità" risiede nella corteccia orbito-frontale, ed emette la sua sentenza dopo aver ascoltato le sensazioni che proviamo "di pancia".

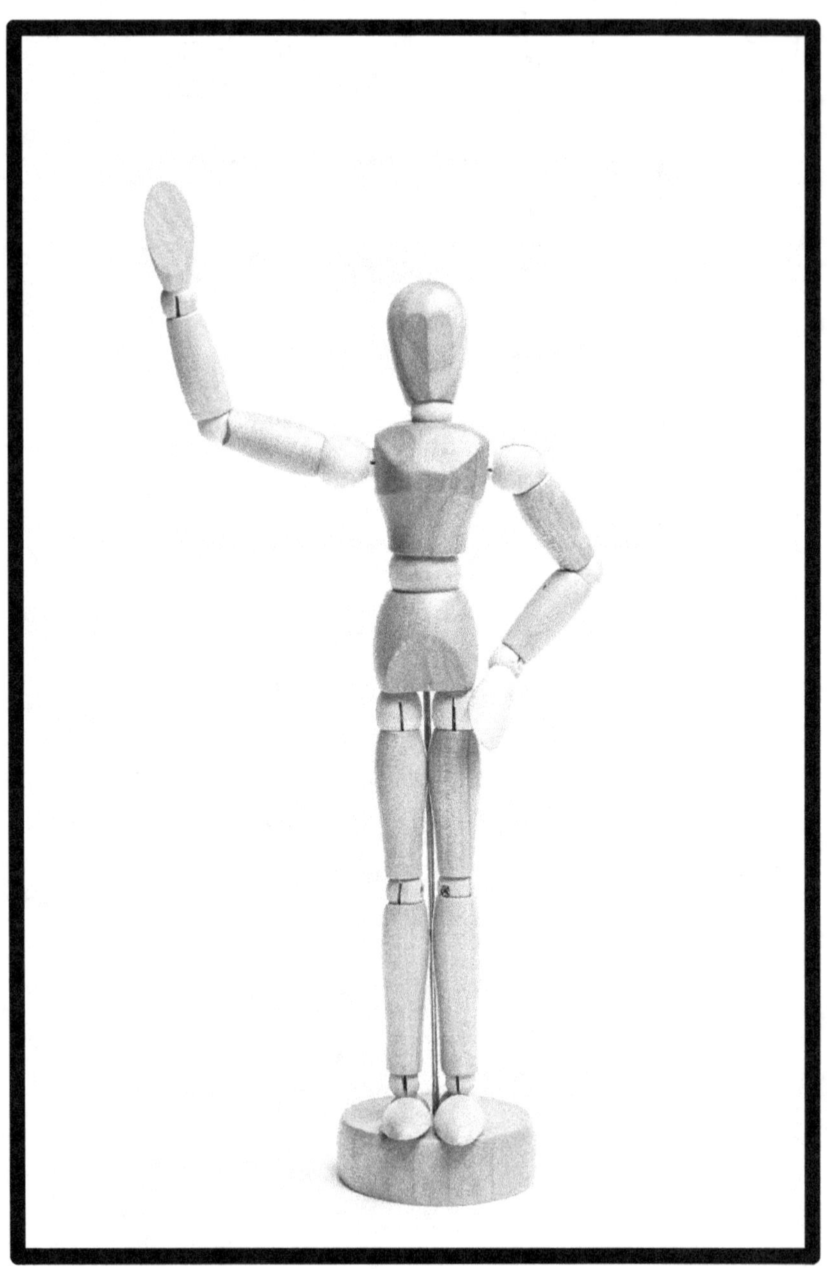

CAPITOLO 7:
Il SIGNIFICATO DEL MODO IN CUI STIAMO IN PIEDI

"È nei piedi la nostra coscienza."

Alberto Savinio

Vedere una persona stare in piedi per tanto tempo in una stanza può sembrare strano, se ci fai caso, le persone provano costantemente il bisogno e la necessità di appoggiarsi da qualche parte, che sia una sedia, una parete o qualsiasi altra cosa che possa sorreggerli.

È per questo che durante i meeting ed i congressi, molte volte nella sala pausa sono presenti tavolini alti, in modo da potersi appoggiare. Perché nel caso in cui non ci si dovesse appoggiare da nessuna parte e rimanere in piedi si darebbe l'impressione di essere più sicuri di sé stessi.

Comunque bisogna tenere conto di qualche particolare, perché pure dal modo in cui si sta in piedi, è possibile comunicare informazioni, con la possibilità di essere fraintesi.

LE PRINCIPALI POSE CHE SI ASSUMONO QUANDO SI STA IN PIEDI

1. ENTRAMBE LE GAMBE PIANTATE A TERRA

Questa posa assicura una perfetta distribuzione bilanciata del peso e comporta il massimo equilibrio. Il significato di questa posizione presa in modo del tutto subconscio è: l'interlocutore si sente sicuro di sé, è aperto e disponibile.

2. DONDOLARSI DA UNA GAMBA ALL'ALTRA

L'interlocutore adottando questa posizione del tutto
involontaria, potrebbe rivelare alcune emozioni e
pensieri che lo pervadono. Salta all'occhio subito che
le sue ginocchia non sono rigide ma molli, ed è un
segnale di paura ed inquietudine, verso qualcosa o
qualcuno; inoltre assumendo questa posa
l'interlocutore diventa emotivamente attaccabile.

3. ENTRAMBI I PIEDI SONO PER TERRA E LE GAMBE
SONO ACCAVALLATE

Questa è una posa abbastanza contraddittoria.
Questo perché le gambe accavallate corrispondono
ad un atteggiamento piuttosto difensivo, ma anche
un serto senso di umorismo e rilassatezza. Non per
altro i clown adottano questa postura prima di
inciampare durante lo spettacolo.

Inoltre negli ultimi tempi è diventata una moda posare in questa maniera, soprattutto tra le donne. Se ci si fa caso, molte star del cinema femminili, quando stanno in piedi sul tappeto rosso tendono a incrociare le gambe. Durante il corteggiamento questa posizione ha un particolare significato: che l'interessata gradisce il flirt ricevuto e che non ha nessuna intenzione di scappare via; d'altronde con le gambe incrociate sarebbe piuttosto difficile farlo, non credi?

In generale è possibile riconoscere il livello di supremazia di una qualsiasi persona in base a quanto tiene le gambe larghe mentre sta in piedi. Ovviamente poi nel corso della conversazione le cose possono cambiare.

4. A GAMBE LARGHE CON IL BACINO LEGGERMENTE IN AVANTI

Questa è una posa che riempie molto spazio, è un segnale di "rivendicazione del territorio". La seguente posa inoltre tende a trasmettere un certo effetto di dominanza dimostrando una autoconsapevolezza alquanto aggressiva.

Queste erano le principali posizioni che si assumono quando si sta in piedi. Ma adesso entreremo più nello specifico; se si presta maggiore attenzione ai dettagli, è possibile estrapolare un mare di informazioni, solamente osservando le cose con occhi diversi.
Come per esempio osservare il modo in cui si vengono posizionati i piedi, oppure il modo in cui vengono mantenute le spalle o infine la posizione che viene assunta dal busto.

Ovviamente quelli che ti mostrerò sono dettagli al quale tu prima non davi alcuna importanza, ma son sicuro che da oggi non potrai fare a meno di notarli!

I PIEDI

Un'occhiata ai piedi di una persona può rivelarci tante informazioni sul suo stato emotivo. Il motivo per cui quasi nessuno è in grado di estrapolare informazioni semplicemente leggendo i piedi, è perché si tende a sottovalutarli per dare maggiore attenzione alla mimica facciale ed alle mani.

I piedi sono un perfetto indicatore per capire in che direzione pensa una persona; e adesso di spiego anche cosa vuol dire.

Queste sono le **sei posizioni** dei piedi che rivelano le caratteristiche di una persona:

1. PIEDI BEN PIANTATI PER TERRA

Come ti ho precedentemente spiegato, quando i piedi di una persona risultano ben piantati sul terreno è perché tende ad occupare un posto solido nella vita. Questa posa è una caratteristica di chi ha molta sicurezza dentro di sé, inoltre dimostra inconsciamente di non avere paura e di avere un punto di vista molto solido.

2. PIEDI CHE SFIORANO IL TERRENO ED IL PESO CHE SI SPOSTA DI CONTINUO

Questa scomoda posizione è tutt'altro che sinonimo di sicurezza in sé stessi, infatti è esattamente il punto di partenza per una reazione di fuga. Il soggetto non ha un punto di vista ben saldo e potrebbe cambiare atteggiamento da un momento all'altro ed anche molto velocemente.
Questa posa indica resistenza nel mettere le radici e a prendere una posizione univoca su qualcosa.

3. PIEDI UNITI E PARALLELI, E GINOCCHIA CHE SI TOCCANO

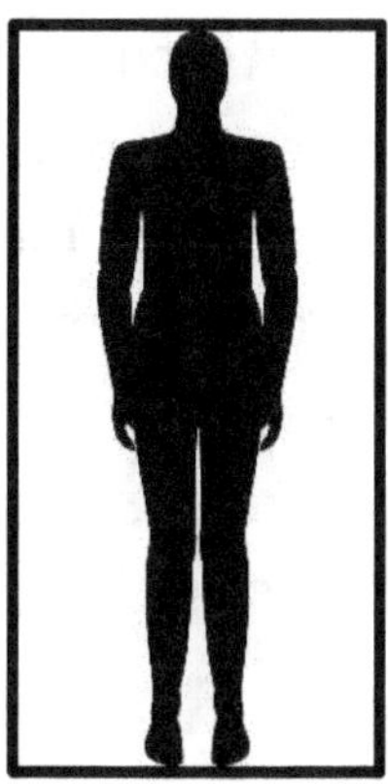

Viene definita la "posizione dei soldati". I piedi sono chiusi e le ginocchia si toccano, queste caratteristiche trasmettono un significato di ubbidienza e certe volte di devozione.

4. BARICENTRO SUI TALLONI

Con questa posizione il soggetto mantiene un asse
leggermente inclinato all'indietro: inconsciamente il
suo corpo si allontana dall'interlocutore per
aumentare la distanza che li separa. Viene definito un
segnale di prudenza e diffidenza.

5. BARICENTRO SULLA PARTE ANTERIORE DEL PIEDE

Questa posa assicura movimenti rapidi e trasmette
un'idea di flessibilità, ma anche di irrequietezza.
I soggetti che camminano in punta di piedi lo fanno in
modo silenzioso ma comunque con determinazione.

Per quanto riguarda la stessa posa ma utilizzata da
seduti, per evitare di sembrare nervosi, è consigliato
di tenere almeno uno dei due piedi appoggiato del
tutto al terreno. Inoltre è completamente
inopportuno intrecciare i piedi alla sedia dall'interno,
perché è un chiaro segno di stress e rende i soggetti
"passivi": dimostrando così di non essere in grado di
prendere il largo.

6. DONDOLARSI STANDO IN PIEDI

Questo è un chiaro segnale che trasmette noia ed inquietudine. Il soggetto vorrebbe andarsene dalla situazione in cui si trova oppure semplicemente l'argomento trattato lo annoia e vorrebbe cambiarlo.

LA PUNTA DEI PIEDI

Entrando nello specifico, ora ti mostro anche i messaggi che possono essere estrapolati semplicemente analizzando la posizione assunta dalla punta dei piedi:

- **ENTRAMBI I PIEDI SONO PARALLELI E RIVOLTI VERSO L'INTERLOCUTORE**

È un segnale che manda il corpo inconsciamente all'interlocutore, segnalando che ha interesse nell'argomento e che non ha intenzione di andarsene.

- **LA PUNTA DEI PIEDI È RIVOLTA VERSO L'ESTERNO**

Quando i la punta dei piedi assume questa posizione significa che l'attenzione del soggetto non è rivolta del tutto verso l'interlocutore. Nel peggiore dei casi, le punte dei piedi punteranno verso la porta, ovvero il luogo dove il soggetto preferirebbe andare.

- **LA PUNTA DEI PIEDI È RIVOLTA VERSO L'INTERNO**

Anche questa posa viene presa dal nostro inconscio e in modo totalmente involontaria da parte nostra. Viene collegata spesso alla posa dei soggetti prudenti: che non sanno prendere decisioni. Questo perché stando con la punta dei piedi rivolta all'interno è difficile abbandonare la propria posizione, in quanto ci si blocca da soli.

- **I PIEDI SI TROVANO SOTTO LA SEDIA E SONO ACCAVALLATI**

Il soggetto vuole aumentare maggiormente la distanza dall'interlocutore che ha di fronte. Quindi arretra con le gambe, posizionandole sotto la sedia ed accavallandole. Questa mossa ha un significato di "fiducia" nei confronti dell'interlocutore, ciò vuol dire che gli lascia campo libero in modo da potersi avvicinare. Questo perché nel subconscio accavallando i piedi si impedisce la fuga.

- **STANDO SEDUTI, UN PIEDE È RIVOLTO VERSO L'INTERLOCUTORE E L'ALTRO ALL'INDIETRO POSATO PER TERRA SOLO CON LA PUNTA**

Adottando questa posizione, l'interlocutore dimostra che sta ascoltando attentamente chi ha di fronte, ma nel frattempo è impaziente di ricevere l'occasione per prendere la parola.

- **DONDOLARE I PIEDI DA SEDUTI**

È un movimento ritmico e ondulatorio che corrisponde a una grande fiducia in sé stessi; dimostra inoltre che il soggetto si sente rilassato. Nel caso in cui i piedi dondolassero troppo velocemente, potrebbe significare che non si sente a proprio agio, come se volesse scaldare i piedi prima di correre via.

LE SPALLE

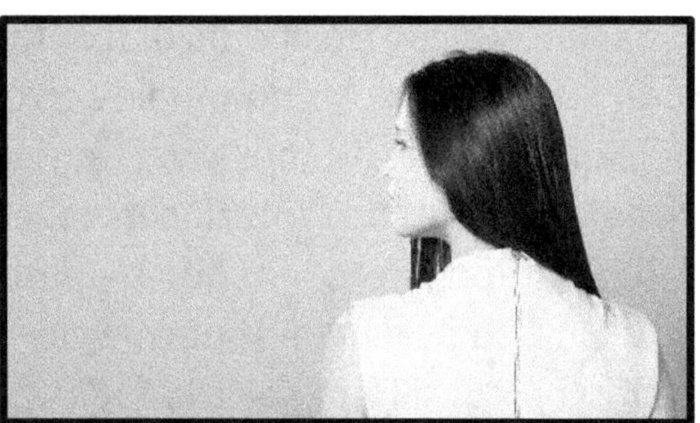

Se gli occhi vengono definiti lo specchio dell'anima, il discorso non cambia per le spalle. Quest'ultime sono letteralmente uno specchio per la responsabilità, cioè una parte del corpo con la quale si comunica molto chiaramente in maniera non verbale, che lo si voglia o meno.

Anche per le spalle vale la stessa regola dell'involontarietà: ovvero esprimono emozioni senza volerlo e senza la possibilità di controllarle.
Ti elencherò anche per le spalle le principali pose che queste tendono ad assumere, in modo totalmente inconscio ed ovviamente spiegandoti i loro significati.

- **SPALLE SOLLEVATE E MANTENUTE**

Questa posizione prevede la testa incassata tra le spalle ed è una posizione che ci viene in modo del tutto naturale quando si presenta il bisogno di difendere il collo e la nuca; come ad esempio durante un'aggressione. Il primo movimento automatico che viene da fare è quello di alzare le spalle e mettere le mani avanti, anch'esse per coprire le parti critiche del corpo.
Ciò che trasmette questa posizione è sicuramente uno stato di paura ed incertezza.

- **SPALLE RILASSATE E DRITTE**

Il messaggio principale che trasmetta una persona assumendo questa posizione con le spalle, è quello di assumersi le proprie responsabilità. A livello inconscio questa posa esprime il seguente messaggio: le sue spalle sono forti e possono sopportare le incombenze quotidiane e il loro peso.

- **SPALLE CASCANTI**

Questa posa con le spalle viene assunta quasi sempre in un contesto negativo in cui il soggetto per qualsiasi motivo vorrebbe "farsi più piccolo". Questa posa è accompagnata di solito da una schiena curva ed una testa china. È un atteggiamento che trasmette segnali di debolezza emotiva, scoraggiamento, sfinimento o stanchezza.

- **L'ALZATA DI SPALLE**

Questa è una posa che tutti quanti conoscono, e può trasmettere due messaggi completamente diversi tra loro in base al contesto in cui viene assunta. Il primo significato che può avere è quello di impotenza, e corrisponde alla frase "non ne ho idea" nella comunicazione verbale. Il secondo significato che può avere questa posa è di disinteresse, esprimendo un messaggio simile al "non mi importa"; ovviamente è facilmente riconoscibile da tutti. Alcune volte l'alzata di spalle potrebbe essere accompagnata da un sollevamento delle mani, le cui sono aperte e rivolte verso l'alto.

- **UNA SPALLA IN AVANTI**

Questa posa è facilmente riconoscibile in quanto entrambe le spalle non sono rivolte verso la stessa direzione, ma una sarà posizionata più avanti rispetto all'altra, assumendo perciò una posizione di lato con il corpo.

Questa posa può indicare un segnale di rifiuto e di distanza, e il significato inconscio è il seguente: da questa posa il soggetto può voltare le spalle e andarsene quando vuole.

- **PETTO IN FUORI**

Anche questa posa è una tra le più conosciute, e consiste nel mantenere le spalle arretrate portando il petto in avanti; è un classico segnale di fierezza personale e superiorità.

- **PACCA SULLE SPALLE**

Ci sono due tipi di pacche sulle spalle. Il primo tipo è quando una persona seduta riceve una pacca da un'altra che però si trova in piedi. Questo è un gesto che serve per mantenere in basso chi la riceve.

Il secondo tipo di pacca non viene data sulla spalla ma sul fianco, e ha un significato opposto, ovvero quello di incoraggiamento e di riconoscimento, come per dire "sei stato bravo".

IL BUSTO

La funzione del busto è quella di contenere e proteggere tutti gli organi principali, il cuore e i polmoni. È per questo motivo che anche il busto può trasmettere alcune informazioni. Per chi conosce l'abilità di leggere il linguaggio del corpo, gli basta osservare la respirazione per capire se l'interlocutore è una persona apatica oppure una persona dinamica e intraprendente. Osservando e analizzando in particolare l'abbassamento e il sollevamento della cassa toracica.

Ecco i messaggi che possono essere trasmessi in base al modo in cui una persona respira e alla posizione che viene assunta dal busto:

- **CASSA TORACICA SOLLEVATA, LA RESPIRAZIONE È ATTIVA E PROFONDA**

Una buona respirazione profonda apporta una quantità maggiore di ossigeno al nostro corpo, di conseguenza i vantaggi che può conferire sono i seguenti: una maggiore concentrazione in quello che si fa e maggiore intraprendenza.
Perciò se durante un dialogo, l'interlocutore inspira in modo evidente, molto probabilmente è perché ha formulato un pensiero e ha voglia di comunicarlo.

- **CASSA TORACICA ABBASSATA, LA RESPIRAZIONE È PIATTA**

Al contrario di quanto appena visto, una cassa toracica ristretta, comporta una respirazione poco profonda e regolare.
Di conseguenza una respirazione superficiale induce poco scambio di ossigeno e spesso causa stanchezza.
Questo gesto è un segnale che esprime apatia e poca voglia di fare nell'interlocutore, inoltre anche la voce ne risente risultando bassa e spenta.

- **RESPIRAZIONE LUNGA**

Quando una persona è scontenta di qualcosa, di solito lo dimostra inconsciamente prendendo fiato e rilasciandolo fuori lentamente, come se il respiro buttasse via l'argomento fastidioso o l'evento capitato.
Questo segnale ancora più accentuato se nel mentre, il soggetto tende a gonfiare le guance o a eseguire un sospiro.

- **RESPIRAZIONE VELOCE**

Con una respirazione veloce invece, l'interlocutore prende più ossigeno in breve tempo. Questa è una reazione tipica del corpo che avviene quando quest'ultimo si prepara all'attacco o alla fuga, ed è inoltre un segnale di agitazione, stress o persino paura.

Nella respirazione non si riflettono solo i pensieri e le emozioni di una persona, ma può anche essere usata per influenzare positivamente la mente attraverso essa. Ovvero, come ti ho spiegato qualche riga prima, una respirazione superficiale tende a stancare il corpo e la muscolatura. È per questo che è possibile adottare volutamente una respirazione profonda per "auto-attivare" il corpo e la mente.

Questa tecnica se pur scontata, risulta molto utile per combattere una situazione di stress e tensione, per farlo basterà chiudere gli occhi e concentrarsi sulla respirazione.

Adesso invece vedremo le pose che il nostro busto può assumere:

- **BUSTO PROTETTO (DA BRACCIA CONSERTE, DA LIBRI O DOCUMENTI TENUTI DAVANTI AL PETTO)**

Nel caso in cui l'interlocutore tenda a proteggersi il busto con le braccia o con qualche oggetto del tipo un libro, probabilmente potrebbe sentirsi insicuro.

Il messaggio che trasmette questa posizione è il seguente: il soggetto non si fida della situazione. Per qualche motivo si sente innervosito e vorrebbe difendersi, in questo modo segnala un bisogno di distanza da ciò che lo circonda.

- **BUSTO ESPOSTO E ATTEGGIAMENTO APERTO**

In questo caso il significato è molto chiaro: quando una persona espone apertamente la sua zona più vulnerabile (il busto) è perché si sente sicuro di sé ed ha fiducia nella persona che ha di fronte.
È interessante come questa posa trasmette le stesse emozioni condizionando anche il prossimo.

- **BUSTO INCLINATO IN AVANTI**

Più l'interlocutore tende ad avvicinarsi verso l'altra persona, e più tende a dimostrare fiducia verso quest'ultima. Tuttavia però potrebbe sembrare un atteggiamento eccessivo e provocare sensazioni di disagio, dovuto al fatto che l'interlocutore risulti dominante, aggressivo e poco rispettoso nei confronti della persona che si trova di fronte.

- **BUSTO INCLINATO ALL'INDIETRO**

Anche questo segno è abbastanza chiaro e semplice da intendere. Quando una persona si allontana con il busto dall'interlocutore, è perché si sente infastidita da qualcosa e vuole aumentarne la distanza. Molto spesso è un segnale di rifiuto, ma bisogna sempre considerare il contesto e chi si ha davanti.
Infatti potrebbe essere solamente intenzionato ad appoggiarsi all'indietro per stare più comodo e segnalare il proprio benessere.

- ## BUSTO INCLINATO DI LATO

L'ultima posa che può assumere il busto consiste nel posizionare quest'ultimo lateralmente. Questo è un segnale che anticipa il voltare del tutto le spalle, e in molti casi corrisponde a un segno di rifiuto da parte dell'interlocutore, in quanto quest'ultimo dimostra di voler mantenere la distanza da qualcosa o qualcuno.

CAPITOLO 8:
IL LINGUAGGIO DEL CORPO DELLE CELEBRITA' E DEI POLITICI

"La celebrità non è che l'espressione di una vasta allucinazione collettiva."

Charles Aznavour

Una caratteristica che accomuna tutte quante le celebrità, ma in particolare i politici, è quella di saper utilizzare molto bene il linguaggio del corpo per trasmettere fiducia e convincere gli spettatori nel migliore dei modi. Per il lavoro che fanno, conoscere ed utilizzare queste abilità risulta di fondamentale importanza. Questo perché hanno il bisogno di comunicare con milioni di persone, in un tempo molto breve e a volte solamente con una foto.

Ti mostrerò alcune caratteristiche e tecniche di linguaggio del corpo usate da celebrità conosciute in tutto il mondo. I loro gesti per quanto possano sembrare innocui e privi di significato, in realtà esprimono precisi segnali che colpiscono l'inconscio delle persone.

REGINA ELISABETTA II

Ovviamente la prima celebrità da cui iniziare non poteva
che essere lei, la donna che è conosciuta in tutto il
mondo come "La Regina".
La regina Elisabetta parla veramente poco in pubblico,
ma risulta assolutamente magistrale quando si tratta di
utilizzare il linguaggio del corpo. La posizione che ricopre
non è per niente semplice, essere a capo della
monarchia più potente della terra oltre ad avere molti
vantaggi, ha anche delle enormi responsabilità.

Deve essere in grado di trasmettere fiducia verso i suoi
sudditi, ma nel tempo stesso deve anche saper
trasmettere la massima autorità. Nonostante questo, la
regina Elisabetta ha fatto del suo linguaggio del corpo
una vera e propria forma d'arte.

Ciò che la contraddistingue maggiormente è la sua
postura, la regina infatti mantiene sempre una postura
eretta, che stia seduta o in piedi. È la sua costante
postura eretta che la rende davvero fenomenale ed
unica, per oltre sessant'anni di carica la regina non ha
mai mostrato un segno di debolezza, stanchezza o
mancanza di autorità.

Oltre alla postura, ha un modo molto particolare di
tenere le mani. Nella sua classica posa da in piedi, tiene
le mani davanti al suo ventre in una posizione
predefinita, la quale rappresenta la più alta e fiduciosa
espressione di potere mai vista.

Con questa posa, la regina dimostra una posizione serrata e contemporaneamente una completa indipendenza, la quale ci fa capire che bisogna starle a debita distanza in quanto è completamente chiusa nei confronti dello spettatore.

Mettendo in primo piano il dorso di una mano, mostra il suo potenziale aggressivo e nel contempo comunica che sa contenere questa aggressività stringendo le dita con l'altra mano.
Tale posizione indica che non ha pari sociali, che nessuno è alla "Sua Altezza".

MADONNA

Passiamo ora ad un'altra regina, probabilmente la donna più potente dello spettacolo e che viene considerata anche la "Regina del Pop".

Madonna, come la regina Elisabetta è riuscita a far carriera in un mondo dominato da uomini, soprattutto se consideriamo i suoi esordi nei primi anni '80, quando la disparità tra uomini e donne era molto più accentuata. Oltre alla regina Elisabetta, anche Madonna detiene il potere più duraturo nel suo campo rispetto a qualsiasi altra persona e, esattamente come la regina Elisabetta, risulta essere molto brava nell'utilizzo del linguaggio del corpo per trasmettere messaggi precisi agli spettatori.

Nelle sue interviste, Madonna cura molto la sua postura: è sempre seduta con la schiena dritta, il petto in fuori, il collo rigido e le spalle tese. Questa posizione è un chiaro segnale di dimostrazione di estrema autorità e fiducia in sé stessa.

Anche i suoi movimenti oculari dimostrano e confermano quanto appena scritto: quando risponde alle domande, tende a chiudere parzialmente le palpebre, "spaventando" involontariamente gli intervistatori.
In questo modo, Madonna comunica che sta pensando molto attentamente a cosa rispondere e pesa con estrema cura le sue parole. Tutto questo per far capire agli intervistatori che lei è una persona molto intelligente (casomai avessero ancora dei dubbi).

IL PRINCIPE CARLO

Il Principe Carlo non è sicuramente popolare quanto sua madre e non tutti si ricordano di lui; ciò è causato in parte dal suo linguaggio del corpo.

Il Principe Carlo infatti è stato educato nel tenere una postura eretta e giusta, ma quello che lo ha "fregato" è appunto il suo modo di fare e di apparire. Il Principe Carlo ha la tendenza di "aggiustarsi" i polsini della camicia, che è un chiaro segno di insicurezza. Questa è una chiara dimostrazione che il linguaggio del corpo deve essere usare nel modo coerente e corretto: utilizzando un gesto che trasmette insicurezza in contraddizione con la postura che comunica sicurezza: non funziona affatto!

Purtroppo i segnali negativi, anche se avvengono in modo totalmente involontario, hanno un impatto maggiore a prima impressione, rispetto a quelli positivi. Se non si presta la giusta attenzione nel curare il proprio linguaggio del corpo, quest'ultimo ti può tradire proprio come è successo al Principe Carlo.

POLITICI

I politici, soprattutto quelli molto importati, sono esperti nel saper utilizzare il linguaggio del corpo, appunto perché devono convincere moltissime persone a seguirli e di conseguenza votarli.

Gordon Brown, un ex Primo Ministro del Regno Unito, nei suoi discorsi tendeva spesso a toccare i suoi appunti, con questo gesto, trasmetteva chiaramente al pubblico una mancanza di fiducia nelle sue doti di leadership.

Tony Blair invece, un altro ex Primo Ministro del Regno Unito, è stato un oratore molto abile, durante i suoi discorsi però, gesticolava con il dorso della mano rivolto verso il pubblico, questo è un segno di estrema fiducia nelle proprie capacità, tendente però all'aggressività.

Durante i discorsi dei politici, quest'ultimi tendono ad aprire le braccia verso il pubblico: questo è un segno di grandissima convinzione e fiducia, che trasmette inoltre l'intenzione di voler abbracciare il pubblico. I politici però non sono gli unici ad utilizzare questo gesto, infatti anche i papi tendono ad adottarlo molto frequentemente; gesto che simboleggia un potere benigno, ma anche assoluto.

Alcuni politici hanno un linguaggio del corpo piuttosto strano.
George W. Bush per esempio è stato visto spesso con le mani in tasca e i gomiti lontani dal suo corpo. Questa posa è il tratto distintivo di un "bullo", di una persona troppo fiduciosa nei propri mezzi a cui non interessa nulla di ciò che pensa la gente.

BARACK OBAMA

Un altro politico con un uso "particolare" del linguaggio del corpo è senza dubbio **Barack Obama**.

Il suo linguaggio è unico e per questo è stato oggetto di molti studi.

Barack Obama ha "preso in prestito" il dito puntato da **Bill Clinton**, che fu il primo ad introdurre questo gesto sul palco della politica.

Puntare l'indice mantenendo la mano chiusa è un segnale di dominazione. È un gesto che non mette sullo stesso piano le persone coinvolte, pertanto chi sta eseguendo questo gesto si sente superiore agli altri.

Secondo gli esperti invece, Obama tende ad usare il gesto dell'indice puntato in modo abbastanza insolito. Lui lo utilizza per far sentire le persone impegnate e responsabili del funzionamento del paese.

Infine Obama durante i suoi interventi dà un ulteriore conferma della sua capacità nell'utilizzo del linguaggio del corpo; infatti egli fa uso sapiente anche dei movimenti oculari. Quando parla, guarda tutto il pubblico presente che ha di fronte, da un estremo all'altro e punta l'indice, lo fa regolarmente e anche molto lentamente per comunicare agli spettatori "Voi siete il mio popolo ed io il vostro capo", creando così un legame di fiducia e di rispetto con il proprio pubblico.

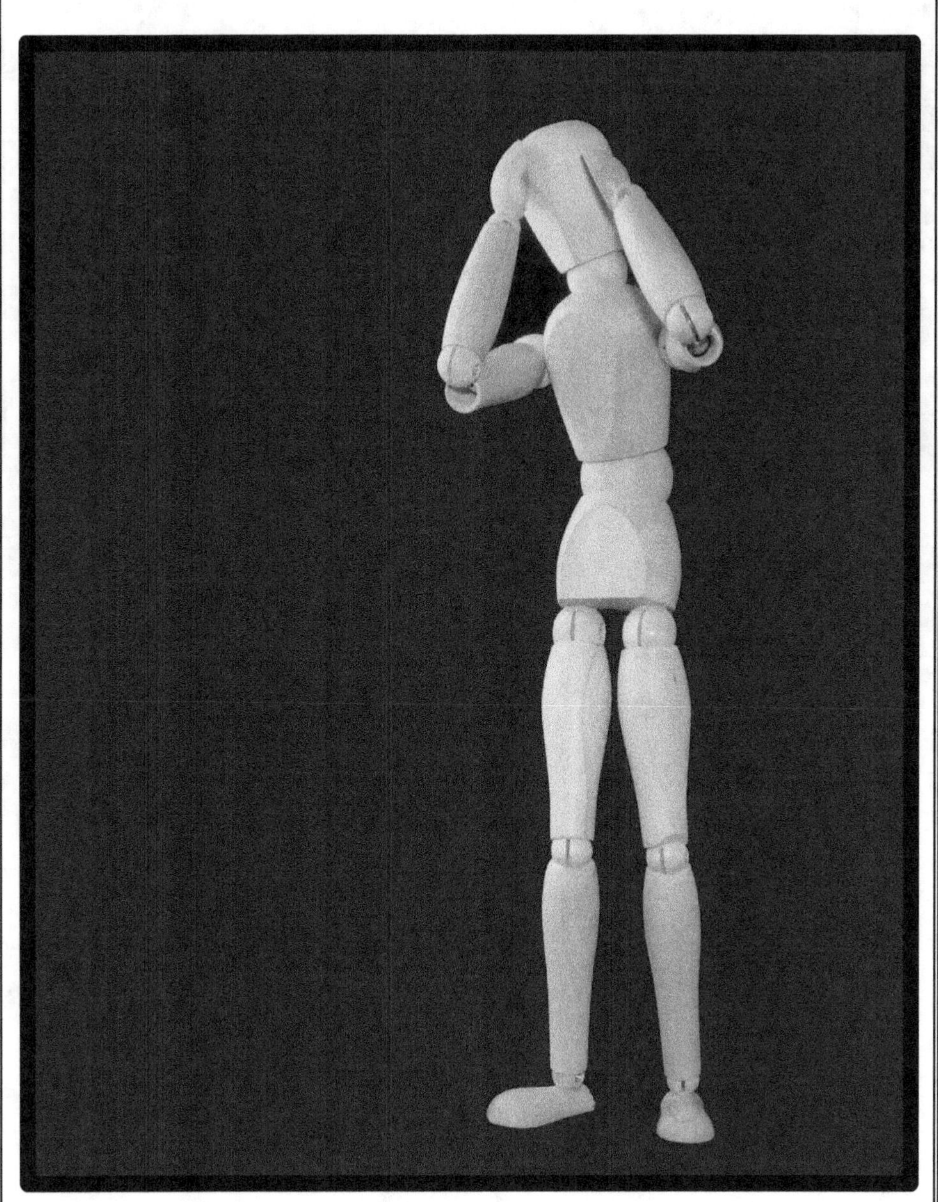

CAPITOLO 9:
11 CONSIGLI SUL COME COMPORTARSI AL COLLOQUIO DI LAVORO

"Vi è più ragione nel tuo corpo che nella tua migliore saggezza."

Friedrich Nietzsche

Arrivati a questo punto del libro, avrai capito quanto sia importante saper utilizzare il linguaggio del corpo a proprio vantaggio e quanto sia estremamente utile in ogni contesto della vita. In questo capitolo ti parlerò dell'utilizzo del linguaggio del corpo in un contesto fondamentale per ognuno di noi: **i colloqui di lavoro.**

Trovare lavoro al giorno d'oggi è sempre più difficile, per questo motivo è fondamentale distinguersi da tutti gli altri candidati al colloquio di lavoro. Conoscere i giusti segnali da trasmettere durante il colloquio sicuramente è un modo per differenziarsi impressionando positivamente i selezionatori.

Il problema è che la maggior parte delle persone si focalizza solamente sulla comunicazione verbale durante il colloquio, trascurando totalmente il modo in cui presentano sé stessi attraverso gesti, posture ed espressioni facciali.

I "recruiter" (gli osservatori/selezionatori che si occupano di eseguire i colloqui ai candidati) prestano molta attenzione a ciò che i loro interlocutori dicono, ma sono capaci anche interpretare le movenze e gli atteggiamenti dei candidati per trarre informazioni sulla loro personalità. Risulta quindi di fondamentale importanza imparare a controllare la comunicazione non verbale, in modo da impressionare positivamente il selezionatore su tutti i fronti.

Perciò saper utilizzare in modo perfetto la comunicazione verbale e non verbale porta moltissimi vantaggi nella vita personale ma anche al colloquio di lavoro.

Ecco la lista degli **11 accorgimenti** a cui dovrai prestare attenzione per migliorare l'impressione che darai di te al selezionatore:

1. SORRIDI

Cerca sempre di accompagnare i saluti con un sorriso che trasmette sicurezza e tranquillità. Inoltre durante il primo incontro, se la situazione lo consente, fai in modo che la tua stretta di mano non sia né troppo debole e né troppo forte, deve essere una giusta via di mezzo che comunica fin da subito determinazione e sicurezza.

2. FAI ATTENZIONE ALLA POSTURA

Evita di tenere le gambe e le braccia incrociate, potrebbero essere percepite come un segnale di disagio, un istinto di chiusura o una ricerca di protezione. Presta attenzione anche a non sederti mai prima che il selezionatore ti inviti a farlo, ma aspetta che sia lui a sedersi per primo.

Inoltre se ti trovi già seduto, in attesa che il recruiter ti raggiunga, al suo arrivo alzati per salutarlo, è un sinonimo di educazione e di interesse.
Infine quando ti trovi di fronte a lui, mantieni la schiena dritta senza ingobbirti, trasmetterai molta più sicurezza in te stesso.

3. MANTIENI UN BUON CONTATTO VISIVO

Devi cercare di mantenere un buon contatto visivo con il selezionatore: senza abbassare o distogliere lo sguardo, soprattutto mentre sei in difficoltà.
Se ti dovesse risultare difficile mantenere un corretto contatto visivo, rilassati e concentrati su quello che ti sta dicendo.
L'importante però è non perdere il contatto visivo, in quanto potrebbe essere percepito come disinteresse, imbarazzo o mancanza di autostima da parte tua.

4. OCCHIO ALLE MANI

Questo è uno dei grandi dilemmi durante il colloquio riguardo la comunicazione non verbale: dove e come vanno tenute le mani?
Dovrai concentrarti molto sul modo in cui tieni le mani e sul controllarle, questo perché la loro posizione e i loro movimenti comunicano tanto dello stato d'animo di una persona.

In primis non gesticolare troppo, potresti rischiare di trasmettere nervosismo o poca capacità di autocontrollo all'osservatore.

Non tenere nemmeno le mani sotto il tavolo o né tantomeno in tasca, potrebbe sembrare che tu voglia comunicare una tendenza alla sottomissione o nascondere qualcosa.

Cerca di tenere le mani ferme, senza giocherellare con qualche oggetto che ti capita, tipo la cravatta, la borsetta, gli anelli o i capelli.
Evita inoltre di tamburellare sul tavolo, di scrocchiarti le dita e sicuramente di mangiarti le unghie; tutti questi comportamenti trasmettono al recruiter un segnale di insicurezza e tanto nervosismo.

Perciò la soluzione è quella di tenere le mani ferme e ben in vista sul tavolo.

5. DIMOSTRA INTERESSE

Dai dimostrazione al recruiter che sei veramente interessato al lavoro e al colloquio stesso. Di tanto in tanto annuisci per dimostrare che stai seguendo quanto dice, senza però sembrare che lo fai in modo forzato.
Inoltre evita di guardare il cellulare, l'orologio o di portare la tua attenzione su altri oggetti che hai intorno.

Questo è un comportamento non molto professione
e potrebbe dare l'impressione che tu sia poco
concentrato o che ti stia annoiando.

Un altro piccolo consiglio che ti posso dare: sporgiti
leggermente in avanti per mostrare ulteriore
interesse al contesto.

6. PADRONEGGIA L'ASPETTO PARAVERBALE

Presta attenzione anche all'aspetto paraverbale della
tua comunicazione: cura la voce in tutte le sue
variabili, ovvero tono, velocità e volume.
La tua voce deve trasmettere uno stato di
tranquillità, interesse e sicurezza; perciò impegnati
per farlo.

7. PRENDITI UN MOMENTO PER RISPONDERE

Non serve che rispondi nel meno tempo possibile, in
quel modo darai solamente l'impressione di aver
poco controllo di te stesso; piuttosto se ti serve,
prenditi qualche istante per riflettere sulla domanda
prima di dare la risposta. Così facendo dimostrerai
che sei una persona che pensa prima di rispondere.

8. CURA IL MODO IN CUI TI VESTI

Anche se può sembrare abbastanza scontato, purtroppo non lo è; infatti ancora al giorno d'oggi si vedono modi di vestirsi poco consoni con il contesto. Prima del colloquio indaga sull'abbigliamento richiesto dall'azienda, nel dubbio è sempre meglio apparire molto formali che troppo informali.

9. FAI PRATICA

Nei giorni precedenti al colloquio di lavoro esercitati a casa: prova a posizionarti davanti a uno specchio e a rispondere alle classiche domande che vengono poste, come per esempio "perché vorrebbe lavorare qui con noi?". Ti assicuro che fare pratica ti servirà sia per risultare più preparato, e sia per vedere come appari agli occhi del selezionatore. Potrai inoltre verificare se tendi a gesticolare troppo con le mani, migliorando di conseguenza il tuo atteggiamento.

10.   SII NATURALE

Segui tutti i consigli appena elencati, ma senza risultare troppo rigido e didascalico! Dovrai risultare il più naturale possibile, perché ricordati che anche sembrare finti può avere degli effetti controproducenti, e i selezionatori se ne accorgono.

11.   ANALIZZA IL TUO RECRUITER

L'undicesimo consiglio che posso darti è quello di utilizzare a tuo vantaggio il linguaggio del corpo anche in questo contesto. Può aiutarti a decifrare il comportamento e le reazioni del selezionatore per farti un'idea di come stia andando il colloquio, e se necessario correggendo ciò che non va.

Inoltre devi sapere che, oggi i colloqui si stanno spostando sempre di più verso l'online grazie alla modalità da remoto; e tenderanno a diventare sempre più comuni, ma ciò nonostante, il contato virtuale non sminuisce affatto l'importanza della comunicazione non verbale!
Quindi anche durante i colloqui tramite webcam, impegnati dimostrando la migliore versione di te.

In questo caso l'attenzione del recruiter sarà ancora più incentrata su di te e sull'inquadratura del tuo viso, perciò presta attenzione ai tuoi gesti e alle tue espressioni facciali.

CONCLUSIONE

Ed eccoci arrivati alla fine del libro, come puoi aver capito leggendo tutte queste pagine, il linguaggio del corpo è un'abilità utilizzata nella vita di tutti i giorni da ognuno di noi, anche se non ce ne rendiamo. È un'abilità che nessuno ci ha mai insegnato ma che il nostro corpo ha automaticamente appreso e migliorato negli anni.

Sebbene ognuno di noi porti già con sé questa abilità, non vuol dire però che non possa approfondirla e perfezionarla. Infatti come ogni altra abilità, anche quella del linguaggio del corpo può benissimo essere migliorata grazie allo studio, alla conoscenza della materia, all'allenamento e al tempo. Queste sono le 4 fondamenta per imparare qualsiasi abilità.

Il linguaggio del corpo però per quanto venga già utilizzato da ognuno di noi nella quotidianità, è una tecnica estremamente potente e pericolosa. Bisogna stare attenti nel suo utilizzo, perché se sottovalutata, si rischia di rovinare relazioni ed amicizie ormai consolidate nel tempo.

Per esempio, se un tuo amico dovesse attuare anche solo un comportamento o avere una singola reazione che possa ricondurre alla menzogna, ti consiglio di non trarre conclusioni affrettate solamente a causa di un singolo segnale, in quanto è estremamente facile sbagliarsi a riguardo.

D'altronde, affinché tu possa scovare un vero bugiardo, è necessario che ci siano molteplici presupposti che lo confermino e non uno solo.
Quindi, caro lettore ti invito ad utilizzare tutte le informazioni scritte in questo libro con la massima cautela e senza abusarne.

Fatto questo avvertimento, ti auguro di imparare il più possibile riguardo a questa fantastica ed affascinante abilità, la quale sicuramente se utilizzata nel migliore dei modi, può renderti più facile il raggiungimento dei tuoi obbiettivi.
Inoltre, il bello di apprendere il linguaggio del corpo e tutte le sue sfaccettature, è che l'abbandonerai mai.
È un'abilità che ti porterai dietro per sempre, proprio come andare in bici o nuotare.

Per avere una ottima capacità di analisi delle persone, ti basterà apprendere quanto scritto in questo libro e metterlo in pratica; allenandoti per migliorare la tua tecnica fino a quando ti verrà il tutto più naturale.
Con il tempo ti risulterà sempre più semplice osservare ed analizzare ogni singolo dettaglio delle persone, in modo totalmente automatico.
Perciò cosa stai aspettando? Vai lì fuori e divertiti ad osservare i comportamenti delle persone ed il loro linguaggio del corpo utilizzando tutti i segreti che ti ho svelato in questo libro.

Buona fortuna

CAPITOLO BONUS:
7 ESERCIZI PER ALLENARE LE ABILITA'
NEL LINGUAGGIO DEL CORPO

"Per avere i muscoli bisogna andare in palestra tutti i giorni; uguale la mente, bisogna tenerla allenata."

Walter Nudo

Qui troverai 7 esercizi per allenare il tuo linguaggio del corpo, suddivisi in questo modo:

> **3 esercizi** per migliorare la tua capacità nel leggere il linguaggio del corpo degli altri.

> **4 Esercizi** per perfezionare il tuo linguaggio del corpo, rendendo così la tua comunicazione veramente efficace.

Grazie a questi 7 esercizi, se utilizzati con costanza ed impegno, potrai aumentare notevolmente le tue capacità nel leggere ed utilizzare la comunicazione non verbale a tuo vantaggio.

COME MIGLIORARE LA CAPACITA' DI LETTURA DEL CORPO

ESERCIZIO N° 1

Questo è il primo di tre metodi che ti proporrò per affinare le tue abilità di lettura del corpo verso gli altri.

Per iniziare, per ogni persona che incontri durante la giornata, prova a stabilire in base alla posizione che assume se il suo linguaggio del corpo tende a indicare una chiusura o un'apertura.

Riprendi poi i concetti spiegati nel libro e allenati costantemente, cercando di catturare più segnali possibili e interpretandoli nel modo corretto basandoti anche su più punti di vista.

All'inizio ti potrebbe risultare un po' macchinoso e difficile, ma andando avanti con la pratica vedrai che ti

risulterà sempre più semplice e non potrai fare a meno di notare dei dettagli a cui prima non badavi.
Ti farò un brevissimo riassunto dei concetti basilari sul come riconoscere lo stato di una persona.

Nel caso in cui ti trovassi davanti un interlocutore con queste condizioni:

- Mantiene un buon contatto visivo;
- Le gambe e la postura in generale risultano prive di tensione;
- Le mani sono ben in vista ed i i palmi aperti (che è anch'esso un segnale di apertura)
- Non ha oggetti davanti a sé che possano creare una barriera;
- E in generale braccia e gambe risultano aperte e non incrociate;

Allora molto probabilmente la persona si trova in uno stato generale positivo.

Nel caso contrario invece, è meglio cercare di entrare in empatia con quest'ultima per provare a tranquillizzarla prima di poter intraprendere un dialogo o qualsiasi forma di comunicazione.

ESERCIZIO N° 2

Il secondo metodo che ti propongo è possibile eseguirlo benissimo in solitaria da casa.

Per prima cosa dovrai cercare su giornali, libri o riviste fotografiche, foto di persone che utilizzano pose poco comuni oppure che hanno delle espressioni facciali molto ambigue.
Il secondo passaggio è quello di posizionarti davanti ad uno specchio e simulare la stessa espressione facciale/postura che hai precedentemente trovato nella rivista.

Adesso il "gioco" consiste nell'immedesimarti in quella situazione e capire lo stato d'animo della persona che stai replicando, cercando di ascoltare le emozioni che il tuo corpo ti manda.

Se ti dovesse risultare complicato, prova a chiudere gli occhi e a concentrarti il più possibile su ciò che stai provando, in questo modo ti sembrerà più semplice percepire le sensazioni.

ESERCIZIO N° 3

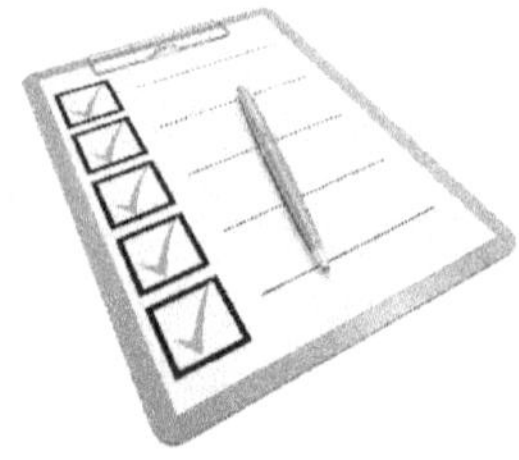

Per il terzo metodo, al contrario del secondo, avrai bisogno di una persona che partecipi, va benissimo un amico, un collega, un partner o qualsiasi altra persona disponibile a collaborare.

Dovrai chiedere al tuo collaboratore di pensare ad un momento particolare della sua vita dove si è sentito felice; ed un altro momento invece in cui ha provato molta tristezza, senza ovviamente dirti quali sono.

Successivamente dovrai osservare ogni sua espressione facciale, postura e caratteristica del corpo che assumerà, e tentare di replicarla.

Chiudendo gli occhi noterai sin subito che il tuo corpo ti invierà delle emozioni; tu dovrai ascoltarle, analizzarle e definire cosa tu stia provando.

L'esercizio certamente non consiste solamente nell'indicare qual è il ricordo felice e qual è quello triste, ma nel descrivere all'interlocutore nel modo più accurato possibile l'episodio in base alle emozioni che hai provato, e chiedergli se le tue risposte siano corrette o sbagliate.

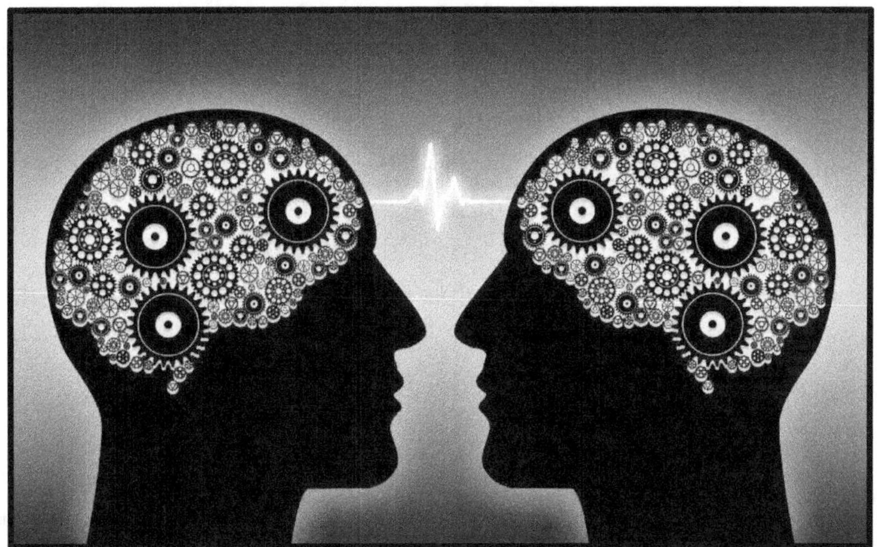

COME PERFEZIONARE
LA COMUNICAZIONE NON VERBALE

ESERCIZIO N° 4

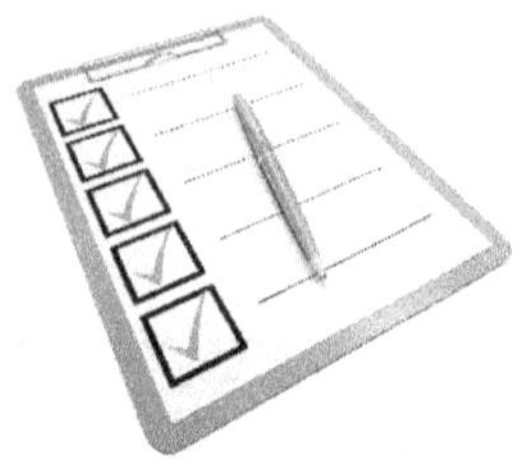

Eccoci arrivati al primo di quattro esercizi per migliorare la tua comunicazione non verbale. Questi esercizi ti aiuteranno ad esprimerti meglio durante le tue conversazioni, a rendere più credibile il tuo discorso e ad assicurarti che il tuo messaggio venga assimilato correttamente nella testa dei tuoi interlocutori; è proprio a questo che serve una comunicazione efficace.

Una buona comunicazione efficace ti aiuterà inoltre ad avere maggiore successo in qualsiasi ambito, questo perché migliorerai anche la tua capacità di persuasione.

L'esercizio è abbastanza semplice ma molto efficace,
inoltre viene utilizzato da tutti gli attori di teatro prima
di entrare in scena.

Consiste nel porti davanti ad uno specchio e parlare
come se lo stessi facendo di fronte a qualcuno, che sia il
tuo partner, il tuo capo o un gruppo di persone.
Per quanto possa sembrare sciocco, questo esercizio
funziona alla grande. Prepararsi un discorso importante
è estremamente utile, un altro vantaggio che comporta
è quello di poter migliorare nelle lacune.

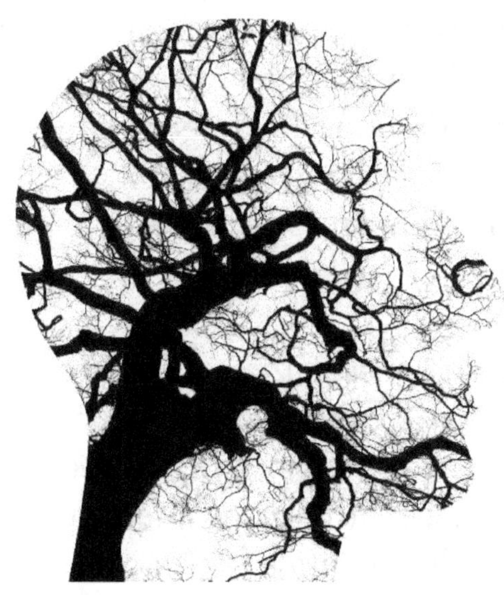

ESERCIZIO N° 5

Il secondo esercizio invece è anch'esso tanto semplice quanto funzionale.
È un esercizio di **visualizzazione**; senza addentrarci troppo nell'argomento, gli esercizi di visualizzazione sono estremamente potenti in quanto permettono di allenare e manipolare la propria mente a piacimento. Inoltre sono molto efficaci per affrontare una situazione o trovare una soluzione a un determinato problema.

Se ti interessa l'argomento, ti invito ad approfondirlo attraverso libri e articoli pubblicati.

Ma torniamo a noi, l'esercizio consiste nel chiudere gli occhi e visualizzare te stesso in una situazione che normalmente ti crea disagio; sforzandoti però in questo caso di immaginare tutto il contrario: ovvero di sentirti rilassato e completamente a tuo agio.
Gli esercizi di visualizzazione sono di fondamentale importanza in qualsiasi tipo di allenamento. Visualizzare significa indurre il proprio comportamento, e far sì che quella determinata cosa avvenga.

ESERCIZIO N° 6

Per questo esercizio ti servirà riprenderti con una videocamera o con il tuo cellulare.

Sicuramente avrai già sentito parlare della tecnica che consiste nel parlare davanti alla videocamera, e magari l'avrai anche messa in pratica.

In questo esercizio dovrai semplicemente registrarti durante l'esposizione del tuo discorso e rivedere il filmato, ti renderai conto di quanto sia difficile parlare davanti a una videocamera.

Questo esercizio mette in difficoltà la maggior parte delle persone, in quanto sapere di essere ripresi, comporta il sentirsi ridicoli e impacciati.

Questo esercizio ti aiuterà in due modi:

1. Prenderai l'abitudine di parlare davanti ad un pubblico e/o davanti ad una telecamera.
2. Potrai esaminare il filmato e analizzare quali sono i tuoi difetti nella comunicazione non verbale, migliorandoli di conseguenza.

ESERCIZIO N° 7

Settimo e ultimo esercizio che ti propongo per allenare il tuo linguaggio del corpo.

Per quanto ti possa sembrare scontato, il modo migliore per avere un perfetto linguaggio del corpo è quello di essere rilassati.

Infatti quando siamo rilassati, la nostra comunicazione del corpo risulta molto più efficace. Questo perché come in ogni contesto, la nostra mente lavora meglio quando è a riposo. L'esercizio che ti consiglio è quello di dedicare qualche minuto al giorno, tutti i giorni, alla meditazione o al **training autogeno**.

Il training autogeno (TA) è una tecnica di rilassamento-desensibilizzazione sviluppata dallo psichiatra tedesco **Johannes Heinrich Schultz**. Il training autogeno prevede la ripetizione di visualizzazioni mentali responsabili dell'induzione di rilassamento psicofisico.

Preferisco non addentrarmi troppo in questo argomento, ma magari ci scriverò un libro a riguardo. Se ti dovesse interessare l'argomento, ti invito a fare qualche ricerca sul web per scoprire come funziona e conoscere gli effetti positivi sulla mente umana.

RECENSISCI QUESTO LIBRO

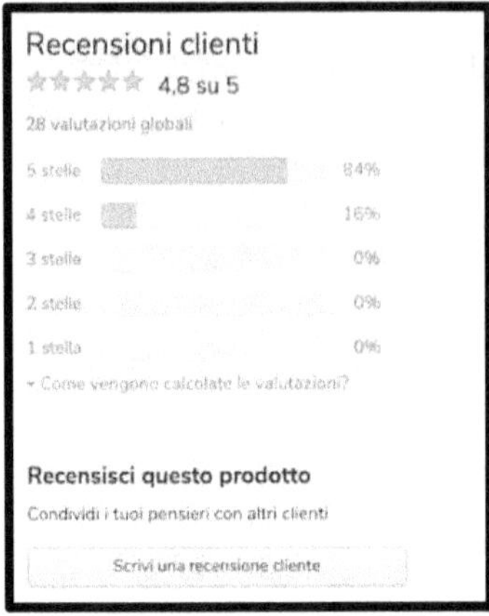

Grazie mille per aver letto fin qui!
Ti sarei estremamente grato se dedicassi un minuto del tuo tempo per lasciare una recensione su Amazon riguardo il mio lavoro.
Spero inoltre che questo libro abbia potuto darti tutte le conoscenze necessarie per imparare il linguaggio del corpo.

Se volessi aumentare le tue conoscenze in questo ambito, ti consiglio di approfondire l'arte della manipolazione mentale.
La quale ti permetterebbe di manipolare le persone e i loro pensieri per raggiungere tutti i tuoi obbiettivi.
All'inizio del libro trovi il codice QR da inquadrare con la fotocamera del tuo cellulare che ti porterà direttamente alla pagina di Amazon.

REFERENZE

- Comunicazione verbale, paraverbale e non verbale – 2020 https://www.prometheus-studio.it/filosofia_e_storia/2020/01/25/comunicazione-verbale-paraverbale-e-non-verbale/#:~:text=comunicazione%20verbale%3A%20quella%20che%20avviene,mimica%20facciale%20e%20della%20postura.

- Il linguaggio del corpo nel mondo: fate attenzione! – 2020 https://www.expat.com/it/expat-mag/3537-il-linguaggio-del-corpo-nel-mondo-fate-attenzione.html#:~:text=Nei%20paesi%20dell'America%20Latina,darsi%20due%20baci%20o%20abbracciarsi.

- Linguaggio del corpo – 2020 https://www.alessiorastrelli.it/linguaggio-del-corpo/

- Gli occhi, lo sguardo e il loro significato psicologico: un approfondimento sui movimenti oculari – 2020 https://www.medicitalia.it/minforma/psicologia/2570-gli-occhi-lo-sguardo-e-il-loro-significato-psicologico-un-approfondimento-sui-movimenti-oculari.html

- ➢ Il linguaggio del corpo nel corteggiamento: differenze tra uomini e donne – 2021 https://www.samuelecorona.com/linguaggio-del-corpo-nel-corteggiamento/

- ➢ Corteggiamento maschile segnali di seduzione linguaggio del corpo https://www.inattraction.com/seduzione/corteggiamento-maschile-segnali/

- ➢ Metti bene a fuoco i 10 gesti del linguaggio del corpo che indicano che c'è un'attrazione fisica – 2021 https://www.cosmopolitan.com/it/sesso-amore/a36520064/linguaggio-del-corpo-segnali-seduzione/

- ➢ Perché si dicono le bugie? Le motivazioni che portano a mentire – 2014 https://www.medicitalia.it/blog/psicologia/4348-perche-si-dicono-le-bugie-le-motivazioni-che-portano-a-mentire.html

- ➢ La mente che mente: come smascherare le bugie? https://www.asapitalia.com/it/hr-management/156-la-mente-che-mente-come-smascherare-le-bugie

- 10 SEGRETI PER SMASCHERARE I BUGIARDI DAL LINGUAGGIO DEL CORPO – 2014
https://comunicareconvincere.com/2014/07/linguaggio-del-corpo-bugie/

- Linguaggio del corpo I come interpretarlo? 59 segnali spiegati – 2019
https://www.samuelecorona.com/linguaggio-del-corpo-come-interpretarlo-59-segnali-spiegati/

- Come interpretare il linguaggio del corpo delle celebrità – 2016
https://www.samuelecorona.com/imparare-il-linguaggio-del-corpo-delle-celebrita/

- Credito foto Madonna: "Madonna by David Shankbone" by david_shankbone is licensed under CC BY 2.0.   To view a copy of this license, visit https://creativecommons.org/licenses/by/2.0/?ref=openverse&atype=rich

- Credito foto Principe Carlo: Mark Jones, CC DI 2.0, via Wikimedia Commons - https://commons.wikimedia.org/wiki/File:Charles_Prince_of_Wales.jpg

- Comunicazione non verbale: come gestire il linguaggio del corpo al colloquio di lavoro – 2021
https://www.4stars.it/blog/colloquio-di-lavoro-comunicazione-non-verbale/

➢ 10 modi per migliorare il linguaggio del corpo - https://www.amletopetrarca.com/10-modi-per-migliorare-il-linguaggio-del-corpo/

➢ Colloquio di lavoro e linguaggio del corpo: come gestirlo - 2021 - https://www.studenti.it/colloquio-lavoro-10-consigli-linguaggio-corpo.html#:~:text=COLLOQUIO%20DI%20LAVORO%2C%20COMUNICAZIONE%20NON%20VERBALE&text=Siediti%20in%20modo%20composto%2C%20tieni,bella%20stretta%20di%20mano%20sicura.&text=Mantieni%20il%20contatto%20visivo%3A%20Guarda%20sempre%20negli%20occhi%20l'intervistatore.

www.ingramcontent.com/pod-product-compliance
Lightning Source LLC
Chambersburg PA
CBHW050523160726
48003CB00001B/439